长江大保护项目档案管理
实践指南

中国长江三峡集团有限公司档案中心　组编

中国三峡出版传媒

中国三峡出版社

图书在版编目（CIP）数据

长江大保护项目档案管理实践指南 / 中国长江三峡集团
有限公司档案中心组编. -- 北京：中国三峡出版社, 2023.12
ISBN 978-7-5206-0306-5

Ⅰ. ①长… Ⅱ. ①中… Ⅲ. ①长江流域–生态环境保护
–档案管理–指南 Ⅳ. ①G275.3-62

中国国家版本馆CIP数据核字(2023)第236987号

责任编辑：李　东

中国三峡出版社出版发行

（北京市通州区粮市街2号院　101199）

电话：（010）59401514 59401529

http://media.ctg.com.cn

北京中科印刷有限公司印刷　新华书店经销

2024 年 1 月第 1 版　2024 年 1 月第 1 次印刷

开本：787 毫米 × 1092 毫米　1/16 开　印张：10.75

字数：238 千字

ISBN 978-7-5206-0306-5　定价：88.00元

编　委　会

主　　任：吕庭彦
委　　员：王宝序　朱向东　毛三军　陈炎山

编　写　组

主　　编：王宝序
副 主 编：张壮志
编写人员：彭登辉　付晓小　李新淼　褚彩红　刘山良
　　　　　王　晗　石　健　刘圆月　吴　茜　张玉洁
　　　　　卓吴飞　曾　祎　汤玉玉　武金锦

P 前 言
reface

西起西藏，东至上海，长江横跨我国东、中、西部，水资源总量约占全国总量的 35%，是中国重要的战略淡水资源库。然而多年来，"长江病了，而且病得还不轻"。问题症结在于：城镇排水管网等基础设施落后、欠账严重；城镇污水收集率很低，污水直排，污水处理厂低效运行；河湖水倒灌、溢流，雨污错接混接，地下水入渗；厂网分离，产业链片段化、碎片化，过度采砂和捕捞等，导致这条中华民族母亲河的生态环境持续恶化。

按照习近平总书记重要指示批示，党和国家赋予中国长江三峡集团有限公司（以下称三峡集团）在共抓长江大保护中发挥骨干主力作用的崇高使命。从"开发长江"到"保护长江"，三峡集团忠实践行习近平生态文明思想，以"保护长江、奉献绿色"为使命，以"一江清水、一流企业"为愿景，通过组建长江环保集团，发起设立中国长江绿色发展投资基金，筹建长江生态环境国家级工程研究中心，设立长江生态环保专项资金，成立长江生态环保产业联盟，搭建起五大业务协同平台，有效推动了长江大保护工作，创新探索"资本+"模式，撬动社会资本形成长江大保护"共抓"工作格局，全面参与长江经济带生态环境保护修复工作，多方协同聚焦城镇污水治理，助力生态环保和清洁能源"两翼融合"。

生于长江、长于长江、发展于长江。三峡集团党组书记、董事长雷鸣山表示，"在共抓长江大保护中'发挥好应有作用'是三峡集团义不容辞的政治责任和历史使命，也是拓展新领域、培育新动能、实现新发展的重大历史机遇"。

　　长江大保护项目有其自身的特点，具有项目业务点众多、覆盖面广、责任主体多、跨区域多、战线长等特点，为确保项目档案的完整性、准确性、系统性、规范性、安全性以及项目档案成果在企业生产经营过程中发挥基础支撑作用，编写组以三峡集团长江大保护项目档案工作实际为参考，汇集相关专业力量，经过摸索和总结，总结形成了一套通用的、可复制的长江大保护项目文件管理、项目档案归档与利用的管理模式，覆盖项目档案的形成、收集、保管、利用、统计、数字化和知识化应用等阶段，梳理形成了规范的、系统的长江大保护项目档案管理用表，同时对未来更好地开展长江大保护项目档案管理工作提出了一些的思考和探索，以期能够对长江大保护项目档案管理工作提供有益的参考与借鉴。

C 目 录
ontents

第1章
概　论

本章主要介绍我国长江大保护项目建设背景与发展概论，长江大保护项目类型与划分，长江大保护项目档案工作有关术语和定义、总体要求、工作组织和各方职责等。

1.1　我国长江大保护项目建设背景与发展概况

1.1.1　长江大保护项目建设背景

长江是中华民族母亲河，是我国重要的生态安全屏障，是中华民族永续发展的重要支撑。长江作为世界第三长河，在过去以牺牲环境为代价的经济高速发展下，开发强度巨大，生态环境透支严重，长江上游水土流失严重，中下游湖泊萎缩、湿地生态系统功能退化，水生生物多样性指数持续下降，多种珍稀物种濒临灭绝。国家发展改革委也多次强调，长江经济带水环境存在"4+1"污染源，即城镇生活污水垃圾、化工污染、农业面源污染、船舶污染以及尾矿库污染。

2016年1月，习近平总书记在重庆召开的推动长江经济带发展座谈会上明确指出，当前和今后相当长一个时期，要把修复长江生态环境摆在压倒性位置，共抓大保护、不搞大开发。在党的十九大报告中，习近平总书记再次明确指出，以共抓大保护、不搞大开发为导向推动长江经济带发展。

"共抓大保护、不搞大开发"为推动长江经济带发展提供了根本遵循，长江经济带发展必须要"有序"发展、"系统"发展，在资源环境的承载能力之内开发，必须以保护修复长江生态环境为前提，走生态优先、绿色发展之路，实现绿色、可持续、高质量发展；要把握长江上中下游、江河湖库、左右岸、干支流的有机联系，统筹防洪、航运、发电、生态、灌溉和产业发展，推动形成全社会共同参与的共抓格局，发挥好协同作用。

1.1.2 长江大保护项目建设发展概况

1.1.2.1 三峡集团在共抓长江大保护中发挥骨干主力作用

2018 年 4 月 26 日，习近平总书记在湖北武汉深入推动长江经济带发展座谈会上，明确要求"三峡集团要发挥好应有作用，积极参与长江经济带生态修复和环境保护建设"。2018 年 4 月，国家发展改革委联合国务院国资委印发《关于印发中国长江三峡集团有限公司战略发展定位意见的通知》，明确三峡集团的战略发展定位，要求在共抓长江大保护中发挥骨干主力作用。2018 年 7 月，推动长江经济带发展领导小组办公室（以下简称长江办）印发《关于支持三峡集团在共抓长江大保护中发挥骨干主力作用的意见》中，明确要求三峡集团构建参与长江大保护工作的业务实施主体。三峡集团坚决贯彻中央指示精神，成立共抓长江大保护实施主体——长江生态环保集团有限公司（以下简称长江环保集团），在长江沿线的九江、芜湖、岳阳、宜昌、六安等地积极开展水质净化工程、污水处理厂建设、提质增效工程等多个工程项目，切实发挥三峡集团在共抓长江大保护事业中的骨干主力作用。

1.1.2.2 长江大保护项目建设发展迅速

五年来，三峡集团全面融入长江经济带发展，聚焦城镇污水治理，推动城市涉水管理体制机制改革创新，总结提炼形成以管网为重点的城市智慧"水管家"模式，深入推进管网攻坚及其配套商业模式探索，治理经验不断总结，治理模式不断创新，治理成效不断显现。从 4 个试点城市到业务范围全江覆盖，三峡集团紧跟国家重大战略，面向地方实际需求，持续深化合作，长江大保护项目遍布重庆、四川、贵州、云南、湖南、湖北、江西、安徽、浙江、江苏等省市。截至 2022 年底，三峡集团参与共抓长江大保护累计落地投资超过 2100 亿元，完成投资近 950 亿元，在 43 个沿江城市建设 80 个项目，新建管网 9090 km，惠及地方 3600 万余人，带动相关产业链单位超过 2.5 万人参加共抓长江大保护。

1.1.2.3 长江大保护项目建设特点突出

长江大保护项目具有周期长、类型多、主体多、专业杂的特点。长江大保护项目以 PPP 项目为主，PPP 项目整个项目周期一般在 20 ～ 30 年，涉及投资立项、项目建设、项目运营、项目移交等多个阶段，建设期集中在 2 ～ 3 年。项目涉及多种建设项目类型，例如：排水工程、给水工程、污水处理处置等市政工程；水库加固、岸线治理、饮水供水工程、应急供水工程等水利工程；水污染治理等环境治理工程。项目参与主体众多，点多面广，在主要采用 PPP 模式实施的长江大保护项目中，由政府部门负责统筹协调，长江环保集团作为投资主体和"乙方"双重身份，同时涉及设计、施工、监理、建设、政府、运维多个单位。涉及市政（住建）、水利、水资源、生态、环境、景观、园林等多专业，项目管理需要多次衔接不同专业，不同专业叠加后管理难度高、复杂度深。

1.2 长江大保护项目类型与划分

长江大保护项目所涉及的投资项目一般分为股权投资项目和固定资产投资项目，股权投资项目主要通过股权投资、项目合作、企业并购等多种方式，投入增量资金与全国性水务平台、地方性水务平台、专业技术三大平台，与行业龙头及优质企业、地方优势企业、产业链上下游技术型企业开展广泛地股权合作，打造资产、资本和项目良性循环。不同于以往传统的建设项目，长江大保护项目产权不属于建设单位，而是最终归属于政府方，在整个项目全生命周期中存在项目产权变更。固定资产投资项目主要包含 PPP（PPP+）、EPC（EPC+O）、特许经营、ABO、政府购买服务，见表 1-1。

表 1-1 长江大保护项目类型划分表

项目类型	类型概念释义
PPP（PPP+）	政府和社会资本合作模式，指在公共服务领域，政府采取竞争性方式选择具有投资、运营管理能力的社会资本，双方按照平等协商原则订立合同，由社会资本提供公共服务，政府依据公共服务绩效评价结果向社会资本支付对价
EPC（EPC+O）	公司受业主委托，按照合同约定对工程建设项目的设计、采购、施工、试运行等实行全过程或若干阶段的承包
特许经营	通过签订合同，特许人将有权授予他人使用的商标、商号、经营模式等经营资源，授予被特许人使用，被特许人按照合同约定在统一经营体系下从事经营活动，并向特许人支付特许经营费
ABO	地方政府通过竞争性程序或直接签署协议方式授权相关企业作为项目业主，并由其向政府方提供项目的投融资、建设及运营服务，合作期满负责将项目设施移交给政府方，由政府方按约定给予一定财政资金支持的合作方式
政府购买服务	各级国家机关将属于自身职责范围且适合通过市场化方式提供的服务事项，按照政府采购方式和程序，交由符合条件的服务供应商承担，并根据服务数量和质量等因素向其支付费用的行为

1.3 术语和定义

（1）长江大保护项目：长江大保护在建设、运营等活动中，采用PPP（PPP+）、EPC（EPC+O）、特许经营、ABO、政府购买服务等模式，按照一个总体设计进行施工、运营，独立组成的、经济上统一核算、行政上有独立组织形式、实行统一管理的工程。

（2）建设单位：指对长江大保护项目实施进行组织管理，并在项目建设过程中负总责的组织。

（3）参建单位：参与长江大保护项目建设并承担特定法律责任的所有单位，主要包括勘察、设计、施工、总承包、监理、设备制造、第三方检测等单位。

（4）运营单位：提供长江大保护项目运营服务的单位。

（5）项目文件：项目在识别、准备、采购、融资、土地征迁、招标投标、勘察设计、设备材料采购、施工、监理、竣工验收、运营、回购或移交等全过程形成的，经过鉴定、整理并归档的文字、图表、音像、实物等各种载体的文件。

（6）预立卷：根据文件材料形成规律，对照文件材料归档范围，随时将办理完毕的文件材料按照预先分类规则归入相应的档案盒或文件夹内存放，并建立文件目录库，保证归档文件材料的齐全、完整、准确的工作过程。

（7）项目文件归档：指建设和运营单位项目管理相关部门及参建单位按照国家、行业以及企业有关规定将办理完毕且具有保存价值的项目文件经系统整理，交项目所在地城建档案馆、建设单位档案管理机构、运营单位档案管理机构保存的过程。

（8）项目档案移交：有关单位档案管理机构根据合同、协议或规定将有关项目档案整体交运营单位、归口管理单位等接收方档案管理机构保存的过程。

（9）项目电子文件：指在数字设备及环境生成，以数码形式存储于光盘、硬盘、磁带等载体，依赖计算机等数字设备阅读、处理，记录和反映项目建设和运营各项活动的文件，包括文本电子文件、图像电子文件、图形电子文件、视频电子文件、音频电子文件等。

（10）项目电子档案：指建设项目建设过程中产生的、具有保存价值并归档保存的一组有联系的电子文件及其相关过程信息的集合。

（11）建设工程：经批准按照一个总体设计进行施工，经济上实行统一核算，行政上具有独立组织形式，实行统一管理的建设工程基本单位，它由一个或若干个具有联系的单位工程所组成。

（12）市政基础设施工程：指在城市区、镇（乡）规划建设范围内设置、基于政府责任和义务为居民提供有偿或无偿公共产品和服务的各种建筑物、构筑物、设备等，包括城市道路、桥梁、轻轨、供水、排水、燃气、热力、工业管道、电力、电信、水利、人防、地下人行通道、地下综合管廊、海绵城市等。

（13）水利工程建设项目：在质量、工期和投资项目条件约束下，涉及防洪、除涝、灌溉、发电、引水、供水、滩涂治理、水土保持、围垦、移民、水资源保护等工程形成固定资产的一次性建设活动。

（14）公路工程建设项目：建成后可以发挥其使用价值和投资效益的公路或独立大、中型桥梁或隧道等工程。

1.4 总体要求

建设单位应对项目建设阶段文件收集与归档工作负总责，实行统一管理、统一制度、统一标准，业务上接受档案主管部门和上级主管部门的监督和指导。

运营单位应对项目运营阶段文件收集与归档工作负总责，实行统一管理、统一制度、统一标准，业务上接受档案主管部门和上级主管部门的监督和指导。

建设单位、参建单位和运营单位应将项目文件收集与归档工作纳入项目建设、运营管理范围，将档案信息化纳入项目信息化建设同步实施，确保档案工作与项目建设、运营工作同步协调发展，配备满足工作所需的档案管理人员、经费和设备，确保项目档案完整、准确、系统、规范，能真实反映项目建设和运营的全过程。

项目档案应完整、准确、系统、规范和安全，满足项目建设、管理、监督、运行等活动在证据、责任和信息等方面的需要。

项目档案管理人员应具备档案专业知识和技能，掌握一定的项目管理和相关工程技术专业知识，经过项目档案管理培训。

1.5 项目档案工作组织与各方职责

长江大保护建设项目档案工作由建设单位、参建单位、运营单位协同开展，各自履行职责。

1.5.1 建设单位职责

（1）建设单位应明确项目分管档案工作的领导，设立或明确与项目建设管理相适应的档案管理机构，配备满足项目档案工作需要的档案管理人员，在项目建设期间应保持档案管理人员的稳定。

（2）建立以本单位档案管理机构为中心，项目管理相关部门、参建单位等参与的项目档案工作网络，并建立沟通协调、培训、考核机制。

（3）建设单位应结合项目的内容、模式、特点，参照本规范制定符合本项目实际的文件收集与归档制度。

（4）建设单位应负责本项目政府有关单位形成文件的收集、整理和归档工作。

（5）在项目招标及与参建单位签订合同、协议时应设立专门章节或条款，明确项目文件管理责任，包括项目文件形成的质量要求、归档范围、归档时间、归档套数、整理标准、介质、格式、费用及违约责任等内容。监理合同条款还应明确监理单位对所监理项目的文件和档案的检查、审查责任。

（6）对参建单位进行合同履约考核时，应对项目文件管理条款的履行情况做出评价，合同款支付审批时应审查项目文件的归档情况，并将项目文件是否按要求管理和归档作为合同款支付的前提条件。

（7）建设单位应制定项目文件收集与归档工作方案。

（8）项目开工前对参建单位进行项目文件管理和归档交底，项目试运行前对运营单位进行项目文件管理和归档交底。

（9）建立项目文件管理和归档考核机制，对项目文件的形成、收集和归档情况等进行考核。

（10）建设单位项目管理相关部门应对项目技术文件的规范性提出要求，组织对勘察、设计、监理、施工、总承包、检测、供货等单位归档文件的完整性、准确性、有效性和规范性进行审查；应对本部门形成的项目文件进行收集、整理、归档。

（11）建设单位档案管理机构应监督、指导本单位项目管理相关部门及参建单位项目文件的形成、收集、整理和归档工作，审查项目文件归档的完整性和整理的规范性、系统性。

1.5.2　参建单位职责

（1）参建单位应建立符合建设单位要求的项目文件管理制度，报建设单位确认。

（2）参建单位应负责所承担项目的文件收集、整理和归档工作。

（3）监理单位负责对所监理项目的归档文件的完整性、准确性、系统性、有效性和规范性进行审查，并应签署审查意见。

（4）采取总承包方式管理的项目，总承包单位负责项目总承包范围内文件的收集、整理和归档工作的组织协调，建立总承包范围内的项目档案工作组织，履行项目档案管理职责任务；各分包单位负责其分包部分文件的收集、整理，提交总承包单位审核，总承包单位应签署审查意见。

（5）参建单位应配备满足工作需要、符合安全保管要求的设施设备，采取措施确保项目文件的安全。

1.5.3 运营单位职责

（1）运营单位应建立符合归口管理单位要求的项目文件管理制度，报归口管理单位确认。

（2）运营单位应负责项目运营阶段形成文件的收集、整理和归档工作。

（3）运营单位运营管理部门应对项目运营阶段技术文件的规范性提出要求，对归档文件的完整性、准确性和规范性进行审查，并对本部门形成的项目文件进行收集、整理、归档。

（4）运营单位档案管理机构应监督、指导本单位运营管理相关部门项目文件的形成、收集、整理和归档工作，审查项目文件归档的完整性和整理的规范性、系统性。

第2章
项目档案制度建设

建章立制、熟悉各类标准规范是做好项目档案工作的基础与前提，本章主要介绍档案管理有关法律法规体系、标准规范与相关要求。

2.1 我国档案法律法规体系

2.1.1 档案法规体系的概念

我国档案法规体系是以《中华人民共和国档案法》为核心，由符合《中华人民共和国立法法》规定的若干有关档案工作的法律、行政法规、地方性法规和规章所构成的相互联系、相互协调的统一体。

2.1.1.1 档案法规体系的核心

《中华人民共和国档案法》是我国档案法规体系的核心，是我国档案工作的基本法。《中华人民共和国档案法》坚持政治导向、问题导向、开放导向，突出了档案工作的政治定位，理顺了档案工作体制机制，优化了档案科学管理、安全管理和开放利用有关制度，完善了监督检查和法律责任，共8章53条。

2.1.1.2 我国档案法律法规体系的构成

2011年，国家档案局重新修订并发布了《国家档案法规体系方案》，规定了国家档案法规体系的构成包括四个层次：

第一层次：档案法律。由全国人民代表大会及其常务委员会制定，并由国家主席签署主席令予以公布。主要有《中华人民共和国档案法》以及刑法、民法等基本法律及其他专门法律中涉及档案的内容或条款。

第二层次：档案行政法规、党内法规和军事法规。档案行政法规由国务院根据宪法和法律制定，并由总理签署国务院令予以公布。档案党内法规由中国共产党中央机关发布，档案军事法规由中央军事委员会根据宪法和法律制定，并予以公布。

第三层次：地方性档案法规。由省、自治区、直辖市以及较大的市的人民代表大会及其常务委员会根据本行政区域的具体情况和实际需要制定，并由大会主席团或者其常务委员会发布公告予以公布。

第四层次：档案规章，包括国务院部门档案规章和地方政府档案规章。前者由国家档案局依据法定权限制定或者国家档案局与国务院其他专业主管机关或者部门联合制定，并由部门首长签署命令予以公布。后者由省、自治区、直辖市和较大的市的人民政府依据法定权限制定，并由省长或者自治区主席或者市长签署命令予以公布。

2.1.2 档案行政法规、部门规章和规范性文件

2.1.2.1 档案行政法规（与长江大保护项目档案工作相关的）

（1）《电子公文归档管理暂行办法》（2018 年修改）（国家档案局令第 6 号）

（2）《企业文件材料归档范围和档案保管期限规定》（国家档案局令第 10 号）

（3）《科学技术研究档案管理规定》（国家档案局、科技部令第 15 号）

（4）《国有企业资产与产权变动档案处置办法》（国家档案局令第 17 号）

（5）《国家重点建设项目档案管理登记办法》（档发字〔1997〕15 号）

（6）《城市建设档案归属与流向暂行办法》（档发字〔1997〕20 号）

（7）《环境保护档案管理办法》（环境保护部、国家档案局令第 43 号）

（8）《档案管理违法违纪行为处分规定》（监察部、人力资源和社会保障部、国家档案局令第 30 号）

2.1.2.2 规范性文件

（1）《企业档案管理规定》（国家档案局〔2023〕令第 21 号）

（2）《档案专业人员继续教育规定》（档发〔2018〕19 号）

（3）《电子档案管理系统基本功能规定》（档办发〔2017〕3 号）

（4）《企业数字档案馆（室）建设指南》（档办发〔2017〕2 号）

（5）《建设项目档案监督指导工作指南》（档发〔2016〕15 号）

（6）《建设项目电子文件归档和电子档案管理暂行办法》（档发〔2016〕11 号）

（7）《关于进一步加强档案安全工作的意见》（档发〔2016〕6 号）

（8）《企业电子文件归档和电子档案管理指南》（档办发〔2015〕4 号）

（9）《档案数字化外包安全管理规范》（档办发〔2014〕7 号）

（10）《数字档案馆系统测试办法》（档办发〔2014〕6 号）

（11）《电子档案移交与接收办法》（档发〔2012〕7 号）

（12）《关于进一步加强中央企业档案工作的意见》（档发〔2009〕6 号）

（13）《档案工作突发事件应急处置管理办法》（档函〔2008〕207 号）

（14）《重大建设项目档案验收办法》（档发〔2006〕2 号）

2.2　我国档案标准规范简介

　　档案工作标准是以档案工作领域中重复性的实物和概念为对象，经过有关方面的协调统一，按照规定的工作程序制定，由公认机构批准的在一定范围内共同使用和重复使用的有关规则、方法、技术要求等方面的一种业务技术规范。长江大保护项目档案工作既有相关的国际标准，更有国家标准、行业标准和地方标准。

2.2.1　长江大保护项目档案相关的国际标准

　　（1）《信息与文献 文件管理过程 文件元数据 第 1 部分：原则》（ISO 23081）

　　（2）《文档管理 用于长期保存的电子文件归档格式 第 1 部分：PDF1.4（PDF/A-2）的使用》（ISO 19005-1）

　　（3）《信息与文献 档案数字化实施指南》（ISO/TR 13028：2010）

2.2.2　长江大保护项目档案相关的国家标准

　　（1）《建设工程文件归档规范》（GB/T 50328）

　　（2）《科学技术档案案卷构成的一般要求》（GB/T 11822）

　　（3）《城市建设档案著录规范》（GB/T 50323）

　　（4）《技术制图 复制图的折叠方法》（GB/T 10609.3）

　　（5）《文书档案案卷格式》（GB/T 9705）

　　（6）《照片档案管理规范》（GB/T 11821）

　　（7）《CAD 电子文件光盘存储、归档与档案管理要求 第一部分：电子文件归档与档案管理》（GB/T 17678.1）

（8）《电子文件归档与电子档案管理规范》（GB/T 18894）

（9）《档案分类标引规则》（GB/T 15418）

（10）《信息与文献 文件（档案）管理体系 要求》（GB/T 34112）

2.2.3 长江大保护项目档案相关的主要行业标准

（1）《档案馆建设标准》（建标〔2008〕51号）

（2）《电子档案移交接收操作规程》（DA/T 93）

（3）《电子档案单套管理一般要求》（DA/T 92）

（4）《档案仿真复制工作规范》（DA/T 90）

（5）《实物档案数字化规范》（DA/T 89）

（6）《产品数据管理(PDM)系统电子文件归档与电子档案管理规范》（DA/T 88）

（7）《档案馆应急管理规范》（DA/T 84）

（8）《档案数据存储用LTO磁带应用规范》（DA/T 83）

（9）《录音录像档案管理规范》（DA/T 78）

（10）《档案数据硬磁盘离线存储管理规范》（DA/T 75）

（11）《纸质档案缩微数字一体化技术规范》（DA/T 71）

（12）《文书类电子档案检测一般要求》（DA/T 70）

（13）《纸质归档文件装订规范》（DA/T 69）

（14）《档案服务外包工作规范第4部分 档案整理服务》（DA/T 64.4）

（15）《档案服务外包工作规范 第3部分：档案管理咨询服务》（DA/T 68.3）

（16）《档案服务外包工作规范第2部分：档案数字化服务》（DA/T 64.2）

（17）《档案服务外包工作规范 第1部分：总则》（DA/T 68.1）

（18）《档案保管外包服务管理规范》（DA/T 67）

（19）《电子档案管理基本术语》（DA/T 58）

（20）《照片类电子档案元数据方案》（DA/T 54）

（21）《档案数字化光盘标识规范》（DA/T 52）

（22）《数码照片归档与管理规范》（DA/T 50）

（23）《版式电子文件长期保存格式需求》（DA/T 47）

（24）《文书类电子文件元数据方案》（DA/T 46）

（25）《企业档案工作规范》（DA/T 42）

（26）《原始地质资料立卷归档规则》（DA/T 41）

（27）《印章档案整理规则》（DA/T 40）

（28）《档案级可录类光盘 CD-R、DVD-R、DVD+R 技术要求和应用规范》（DA/T 38）

（29）《档案虫霉防治一般规则》（DA/T 35）

（30）《纸质档案数字化规范》（DA/T 31）

（31）《建设项目档案管理规范》（DA/T 28）

（32）《无酸档案卷皮卷盒用纸及纸板》（DA/T 24）

（33）《地质资料档案著录细则》（DA/T 23）

（34）《归档文件整理规则》（DA/T 22）

（35）《档案著录规则》（DA/T 18）

（36）《磁性载体档案管理与保护规范》（DA/T 15）

（37）《全宗指南编制规范》（DA/T 14）

（38）《档号编制规则》（DA/T 13）

（39）《全宗卷规范》（DA/T 12）

（40）《水利工程建设项目档案管理规定》（水办〔2021〕200 号）

（41）《水利工程建设项目档案验收办法》（水办〔2023〕132 号）

2.3　长江大保护项目档案制度体系与相关要求

项目开工建设前，建设单位应建立覆盖各类文件、档案的管理制度。

2.3.1　项目文件管理制度

项目文件管理制度主要包括：

（1）项目文件管理流程、文件格式、编号、归档要求等。

（2）竣工图的编制单位、编制要求、审查流程和责任等。

（3）声像文件的收集范围、收集要求与归档要求等。

（4）项目电子文件的管理及归档要求。

2.3.2　项目档案管理制度

（1）项目档管理实施细则，主要内容包括：项目档案管理原则、责任划分、文件形成、积累、归档的要求，档案收集、整理、报管、利用、统计要求，档案管理应急预案等。

（2）项目档案分类方案。

（3）项目文件材料归档范围和档案保管期限表。

（4）项目档案著录、编号细则。

2.3.3 相关要求

（1）建设单位在招标采购、合同管理阶段应明确档案收集、整理要求，将项目档案管理要求纳入项目管理制度。

（2）建设单位应做好制度的宣贯工作，及时开展档案技术交底，定期开展档案培训，档案归口管理部门应积极联合工程建设部门对参建单位档案工作进行检查、考核。

（3）建设单位和参建单位应根据实际情况，适时对项目文件和档案管理制度、业务规范进行修订。

2.3.4 长江大保护项目常用标准规范及制度清单

长江大保护项目多涉及供排水系统、道路等城市基础设施建筑工程，与长江大保护项目档案工作相关的制度规范主要包括：

（1）《建设工程质量管理条例》（国务院令第 279 号）

（2）《城市建设档案管理规定》（建设部令第 90 号）

（3）《城市地下管线工程档案管理办法》（建设部令第 136 号）

（4）《建设工程质量检测管理办法》(住建部令第 57 号)

（5）《危险性较大的分部分项工程安全管理规定》（住建部令第 37 号）

（6）《危险性较大的分部分项工程安全管理规定》（建办质〔2018〕31 号）

（7）《给排水管道工程施工及验收规范》（GB 50268）

（8）《给排水构筑物工程施工及验收规范》（GB 50141）

（9）《建筑地基基础工程施工质量验收标准》（GB 50202）

（10）《建设施工扣件式钢管脚手架安全技术规范》（JGJ130）

（11）《建筑边坡工程技术规范》（GB 50330）

（12）《城市道路交通工程项目规范》（GB 55011）

（13）《生活垃圾处理处置工程项目规范》（GB 55012）

（14）《园林绿化工程项目规范》（GB 55014—2021）

（15）《建筑节能与可再生能源利用通用规范》（GB 55015—2021）

（16）《建筑环境通用规范》（GB 55016—2021）

（17）《工程勘察通用规范》（GB 55017—2021）

（18）《工程测量通用规范》（GB 55018—2021）

（19）《建筑与市政工程无障碍通用规范》（GB 55019—2021）

（20）《工程结构通用规范》（GB55001—2021）

（21）《建筑给水排水与节水通用规范》（GB 55020—2021）

（22）《既有建筑鉴定与加固通用规范》（GB 55021—2021）

（23）《既有建筑维护与改造通用规范》（GB 55022—2021）

（24）《施工脚手架通用规范》（GB 55023—2022）

（25）《城市给水工程项目规范》（GB 55026—2022）

（26）《城乡排水工程项目规范》（GB 55027—2022）

（27）《特殊设施工程项目规范》（GB 55028—2022）

（28）《安全防范工程通用规范》（GB 55029—2022）

（29）《建筑与市政工程抗震通用规范》（GB 55002）

（30）《建筑与市政工程防水通用规范》（GB 55030）

（31）《民用建筑通用规范》（GB 55031）

（32）《建筑与市政工程施工质量控制通用规范》（GB 55032）

（33）《建筑与市政施工现场安全卫生与职业健康通用规范》（GB 55034）

（34）《消防设施通用规范》（GB 55036）

（35）《建筑防火通用规范》（GB 55037）

（36）《建筑与市政地基基础通用规范》（GB 55003）

（37）《组合结构通用规范》（GB 55004）

（38）《木结构通用规范》（GB 55005）

（39）《钢结构通用规范》（GB 55006）

（40）《砌体结构通用规范》（GB 55007）

（41）《混凝土结构通用规范》（GB 55008）

（42）《密闭空间作业职业危害防护规范》（GBZ/T 205）

（43）《企业安全生产标准化基本规范》（GB/T 33000）

（44）《建设工程监理规范》（GB/T 50319）

（45）《城镇排水管网非开挖修复工程施工及验收规程》（T/CECS 717）

（46）《建筑工程资料管理规程》（JGJ/T 185）

（47）《房屋建筑和市政基础设施工程竣工验收规定》（建质〔2013〕171 号）

（48）《建筑工程五方责任主体项目负责人质量终身责任追究暂行办法》（建质〔2014〕124 号）

（49）《建设电子文件与电子档案管理规范》（CJJ/T 117）

（50）《建设电子档案元数据标准》（CJJ/T 187）

（51）《建设项目竣工环境保护验收暂行办法》（国环规环评〔2017〕4 号）

（52）《城市建设工程竣工测量成果规范》（CH/T 6001）

（53）《水利工程施工监理规范》（SL 288）

（54）《水利水电建设工程验收规程》（SL 223）

第3章
项目文件管理

本章主要介绍项目文件形成要求、竣工图的编制要求以及项目文件的收集、整理与归档。

3.1 项目文件形成要求

（1）项目文件应严格按照国家或项目遵循的行业标准进行编制。项目前期文件、管理性文件应符合国家有关法律法规、相关行业规定。工程技术文件应符合国家、行业有关项目的工程、勘察、设计、施工、监理、检测、鉴定、验收、运营管理、回购或移交等方面的技术规范、标准和规程的要求。

（2）涉及国家秘密的项目档案管理工作，必须严格执行国家和相关行业工作中有关保密的法律法规和规定。

（3）项目文件内容必须真实、准确，应与工程实际相符。

（4）项目文件应格式规范、字迹清楚，图样、图表应清晰整洁，文件责任签字及盖章手续应齐全、完备。

（5）项目文件用纸应采用满足耐久性、耐用性要求。涉及手工书写的文件材料字迹应符合耐久性和耐用性要求，应采用碳素墨水、蓝黑墨水等耐久性强的书写材料，不得使用红色墨水、纯蓝墨水、圆珠笔、复写纸、铅笔等易褪色的书写工具及材料。

（6）归档的项目文件应为原件，严禁使用"涂改液"做修改、禁止使用贴补或其他任何技术处理。因故用复制件归档时，应加盖复制件提供单位公章或档案证明章，提供单位应对文件的真实性负责，并确保与原件一致。

（7）列入归档范围的纸质项目文件，应当进行数字化处理。形成的电子文件与纸质档案同步整理立卷、移交归档。

（8）项目文件应随项目建设进度、运营过程同步形成，不得事后补编。

3.2 竣工图编制要求

3.2.1 竣工图编制要求

（1）施工、安装和设备采购项目竣工时应编制竣工图，竣工图一般由施工（安装或制造）单位负责编制（也可以根据合同约定由设计单位组织编制竣工图）。

（2）竣工图应完整、准确、规范、清晰、修改到位，真实反映项目竣工时的实际情况。

（3）应将设计变更、工程联系单、技术核定单、洽商单、材料变更、会议纪要、备忘录、施工及质检记录等涉及变更的全部文件汇总后经监理审核，作为竣工图编制的依据。

（4）竣工图应依据工程技术规范按单位工程、分部工程、专业编制，并配有竣工图编制说明和图纸目录。

（5）竣工图编制说明的内容应包括：竣工图涉及的工程概况、编制单位、编制人员、编制时间、编制依据、编制方法、变更情况、竣工图张数和套数等。竣工图编制说明见附表C6。

（6）按施工图施工没有变更的，由竣工图编制单位在施工图上逐张加盖并签署竣工图章（样式及尺寸如图3-1所示）。

（7）凡一般性图纸变更且能在原施工图上修改补充的，可直接在原图上修改，并加盖竣工图章。在修改处应注明修改依据文件的名称、编号和条款号，无法用图形、数据表达清楚的，应在图框内用文字说明。

（8）有下述情形之一的均应重新绘制竣工图：

①涉及结构形式、工艺、平面布置、项目等重大改变；

②图面变更面积超过20%；

③合同约定对所有变更均需重绘或变更面积超过合同约定比例。

（9）重新绘制竣工图按原图编号，图号末尾加注"竣"字，或在新图标题栏内注明"竣工阶段"。重新绘制竣工图图幅、比例和文字大小及字体应与原图一致。

（10）施工单位重新绘制的竣工图，标题栏应包含施工单位名称、图纸名称、编制人、审核人、图号、比例尺、编制日期等标识项，并逐张加盖监理单位相关责任人审核签字的竣工图审核章，样式及尺寸如图3-2所示。

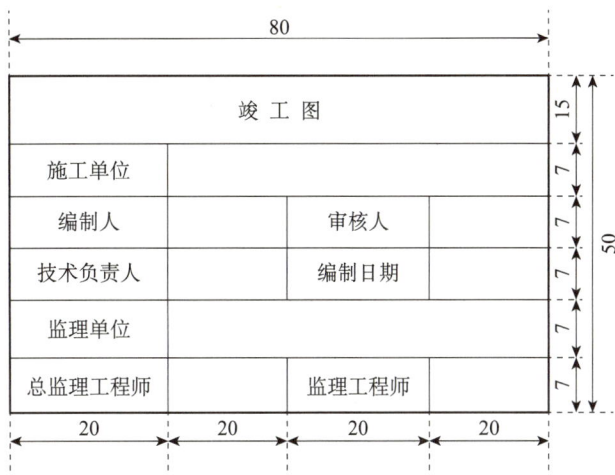

图 3-1　竣工图章（单位：mm）

注：1. 竣工图章尺寸大小：市政工程、公路工程为 50mm×80mm，水利工程为 60mm×80mm。
　　2. 竣工图章应使用不易褪色的红色印泥。
　　3. 竣工图章应盖在图纸正面装订线以内，图标栏上方或其他的空白处。
　　4. 竣工图章或竣工图标的内容应填写完整、签字齐全、清楚，不得代签或者盖私章。
　　5. 如竣工图章有对应行业要求，按照行业规范执行。

竣工图审核章		
监理单位	专业监理工程师	审核日期

图 3-2　竣工图审核章

注：1. 竣工图审核章尺寸大小：32mm×80mm。
　　2. 竣工图审核章应使用不易褪色的红色印泥。
　　3. 竣工图章应盖在图纸正面装订线以内，图标栏上方或其他的空白处，应与竣工图章错开不重叠。
　　4. 竣工图审核章或竣工图标的内容应填写完整、签字齐全、清楚，不得代签或者盖私章。

（11）行业规定设计单位编制或委托设计单位编制竣工图，应在竣工图编制说明、图纸目录上和竣工图上逐张加盖并签署竣工图审核章。

（12）同一建筑物、构筑物重复的标准图、通用图可不编入竣工图中，但应在图纸目录中列出图号，指明该图所在位置并在竣工图编制说明中注明；不同建筑物、构筑物应分别编制竣工图。

（13）用施工图编制竣工图的，应使用新图纸，白图或蓝图均可，不得使用复印的白图或拼接图编制竣工图。

（14）竣工图应按《技术制图 复制图的折叠方法》（GB/T 10609.3—2009）的要求统一折叠，折叠后图纸的标题栏均应露在外面。

3.2.2 竣工图的更改方法

（1）文字、数字的更改一般是用平滑的杠改线改正；图形和图线用划改；局部图形更改可以圈出更改部位，在原图空白处重新绘制。

（2）图上各种引出说明应与图框平行，引出线不交叉，不遮盖其他线条。

（3）有关施工技术要求或材料明细表等有文字更改的，应在修改变更处进行杠改，当更改内容较多时，可采用注记说明。

（4）无法在图纸上表达清楚的，应在标题栏上方或左边用文字说明。

（5）施工图更改时，应在更改处注明更改依据文件的名称、日期、编号和条款号。

（6）新增加的文字说明，应在其涉及的竣工图上作相应的添加和变更。

3.2.3 竣工图的审核与签署

（1）竣工图编制完成后，监理单位应对竣工图编制的完整、准确、系统和规范情况进行审核。

（2）竣工图章、竣工图审核章中的内容应填写齐全、清楚，应由相关责任人签字，不得代签；经建设单位同意，可盖执业资格印章代替签字。

（3）涉外项目，外方提供的竣工图应由外方相关责任人签字确认。

3.2.4 竣工图整理

竣工图组卷按照编制说明、图纸目录，总图和综合图，详图（单位工程、分部工程、专业）排列。

3.2.5 其他要求

（1）竣工图套数应按合同条款约定和有关规定执行，应满足项目建设单位、运行管理单位、有关部门或项目主管单位的需要。

（2）地下管线工程施工过程中和覆土前应当连续跟踪测量，建设单位应当委托具有相应资质的工程测量单位，形成准确的测量数据，编制地下管线竣工图。

（3）建设单位应负责组织或委托有资质的单位编制项目总平面图和综合管线竣工图。

（4）行业规定设计单位编制或建设单位、施工单位委托设计单位编制竣工图，应在竣工图编制说明、图纸目录上和竣工图上逐张加盖并签署竣工审核章。

3.3 项目文件收集与整理

本节主要内容包括项目文件的收集、编号、整理、组卷、排列、编目、装订、装盒等。

3.3.1 项目文件收集

3.3.1.1 收集范围

长江大保护工程建设项目涉及市政工程、水利工程、公路工程等多个专业领域，以三峡标准《长江大保护项目文件收集与归档规范》（Q/CTG 403）为基础，参考长江大保护工程项目档案管理工作实际，细化、完善、规范了长江大保护建设项目文件的收集范围及保管期限，形成了附录 A，建设单位可根据附录 A，结合项目建设内容、管理模式、行业特点等特征制定符合本项目实际的归档单位和保管期限表。

3.3.1.2 收集要求

（1）项目文件的收集工作由各立档责任单位组织实施，立档责任单位包含项目建设单位、各参建单位，分为其各部门工作人员日常性收集、部门负责档案工作人员常规性收集、档案管理部门阶段性收集。收集范围宜广泛，与长江大保护工程建设项目有关文件应列入收集范围。

（2）项目建设单位及各参建单位有关党务、行政、纪检监察、工会等机构管理性文件不列入项档案文件材料收集范围，应按机关档案管理有关规定收集归档。

（3）档案管理部门阶段性收集时间跨度的确定，应适度考虑工作方便并结合项目工期确定，技术型文件宜半年度收集一次，管理型文件宜每年收集一次。

（4）项目立项审批等前期文件，若原件保存在项目实施机构或政府行政主管部门，建设单位或项目现场管理机构可将复印件归档保存，但必须在案卷备考表注明该情况；供货商提供的原材料及产品质量保证文件为复印件的，须在复印件空白处上面加盖销售单位印章。

（5）项目建设过程中，业务部门收集文件、资料应按预立卷制度规范管理并完成预立卷组卷工作，档案要素著录工作由档案管理部门完成。

3.3.2 档案编号

3.3.2.1 编号原则

（1）应遵循唯一性、合理性、连续性、稳定性、扩充性和简单性的原则。

（2）应保持整个项目档案的有机联系，档案编号体系连续完整，归档权限分明，有利于项目档案的分类整理、归档、统计、检索、保管和利用。

（3）应按照类别，不分保管期限、年限编制，且不应有空号。

3.3.2.2 类目设置

长江大保护工程建设项目的类目设置、代码标识应依据各单位《档案分类规范》进行制定，以三峡集团为例，长江大保护工程项目档案属于一级类目的"J技术类"。

（1）二级类目细分按业务活动类型分类，细分为"01 建设项目类、02 生产（产品）与服务类、03 科研开发类、04 设备仪器类"四个部分。

（2）三级及以下类目宜根据实际工作需要进行细分。

1）建设项目类档案可按工程性质或单项工程、项目文件材料形成阶段细分三级及以下类目。大型建设项目宜根据项目实际设置三级、四级及以下类目，保证建设项目档案的系统性。可结合实际参照《长江大保护项目文件收集与归档规范》（Q/CTG 403）细分类目。

2）生产（产品）与服务类档案可按种类或产品型号、业务类型细分三级及以下类目。

3）科研开发类档案可按专业性质或课题性质细分三级及以下类目。

4）设备仪器类档案可按种类或单项设备仪器细分三级及以下类目。

（3）在项目建设管理工作中形成的，与建设项目密切相关的招标采购、合同、技术、进度、质量、安全等管理档案及科研开发、设备仪器档案，应归入建设项目类。

3.3.2.3 档号结构

长江大保护工程项目档号编制规则，应能够满足行业标准的档号编制要求，符合长江大保护工作实际情况。项目档案编号应符合下列要求：

（1）档号基本结构由全宗号、一级类目代号（J）、二级类目代号（01）、三级类目代号（项目编号）、案卷流水号组成。可根据实际需要添加四级及以下类目代号（含子项工程代号、类别号），并根据类目代号脊级别一次延伸并分段。

（2）全宗号，由建设单位的上级管理单位统一制定。

（3）项目编号，由建设单位统一制定。

（4）子项工程代号，由建设单位统一制定。

（5）类别号分类方案应按照"表3-1 项目文件分类表"执行。

（6）案卷流水号用四位阿拉伯数字 0001~9999 标识。

案卷级档号示例 1：

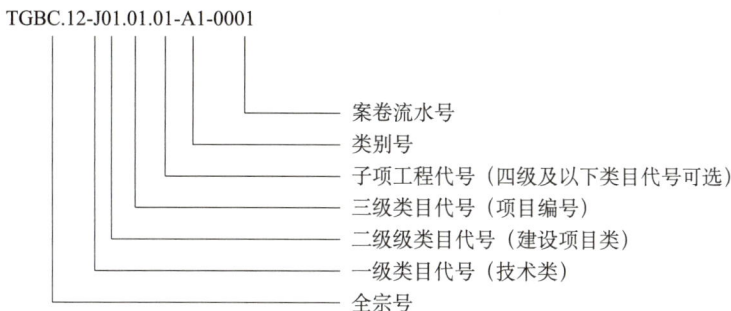

TGBC.12-J01.01.01-A1-0001

- 案卷流水号
- 类别号
- 子项工程代号（四级及以下类目代号可选）
- 三级类目代号（项目编号）
- 二级级类目代号（建设项目类）
- 一级类目代号（技术类）
- 全宗号

件级档号：

TGBC.12-J01.01.01-A1-0001-001

- 卷内顺序号
- 案卷档号

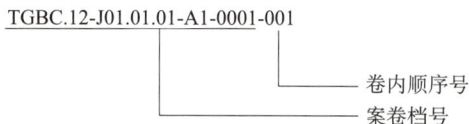

3.3.3　项目文件整理

3.3.3.1　总体要求

建设单位档案部门对建设项目在立项、审批、招投标、勘察、设计、施工、监理及竣工验收全过程中形成的经过鉴定、整理的全部项目档案进行汇总整理，编制检索工具，建立项目档案管理卷。长江大保护建设管理项目档案收集、整理、移交等须满足地方城建档案馆和建设单位的要求。

（1）项目文件应由文件形成部门或单位进行整理，整理工作包括项目文件价值鉴定、分类、组卷、排列、编目、装订等内容。

（2）应遵循项目文件的自然形成规律和成套性特点进行整理，保持卷内文件的有机联系、分类科学、组卷合理，便于保管和利用。

（3）项目文件整理中，应根据项目文件的主体责任进行整理，整个体系内各参建单位之间的项目文件尽量不重复，不遗漏。

（4）项目文件应依据归档范围进行鉴定，确定是否归档。

3.3.3.2　整理分类

建设单位根据《建设工程文件归档规范》（GB/T 50328）及《长江大保护项目文件收集与归档规范》（Q/CTG 403）结合建设项目实际，制定项目档案分类方案，可参见附录 A。长江大保护项目按照形成阶段、专业、内容等特征进行分类，分为项目前期文件（A类）、项目执行文件（B类）、项目运营文件（C类），见表3-1。

表3-1　项目文件分类表

类别	名称	内容
A类		项目前期文件
A1	项目识别	主要包括项目初步实施、规划、审批、论证等文件
A2	项目准备	主要包括内部评估、初步设计、工程测量、方案设计、施工图设计、征地拆迁等文件
A3	项目招采	主要包括合同文件、招投标文件等
B类		项目执行文件
B1	项目建设	主要包括项目管理，施工监理，设备监造，建筑施工，设备及管线安装施工，电气、仪表安装施工，设备，生产技术准备、试运行等文件
B2	竣工验收	主要包括各项项目管理工作报告、总结、评价、竣工验收等文件
C类		项目运营文件
C1	生产运营	主要包括运营单位企业资质文件，标识厂区平面图、生产工艺流程和生产过程等方框示意图等文件
C2	其他类	主要包括清洁生产审核情况，信访投诉、环保行政处罚，环境信息公开，生产运营考核，运营计划等文件

3.3.4　组卷

3.3.4.1　组卷原则

（1）组卷应保持卷内文件材料之间的有机联系，组卷合理，整理规范，符合档案管理要求，便于保管和利用。

（2）工程文件应按不同的形成、整理单位及建设程序，按工程准备阶段文件、监理文件、施工文件、竣工图、竣工验收文件分别进行组卷，并可根据数量多少组成一卷或多卷。

（3）一项建设工程由多个单位工程组成，项目文件应按单位工程组卷。公共部分的文件可以单独组卷；当单位工程档案出现重复时，原件可归入其中一个单位工程，其他单位工程不需要归档，但应说明清楚。

（4）分类科学，组卷合理，符合系统性、成套性特点。独立成册、成套的工程技术文件，应保持其原貌，不宜拆散重新组卷。案卷内不应有重份文件，印刷成册的工程文件宜保持原状。

（5）驻地发生变化的单位，应按档案管理数量和安全保管条件重新建立档案室，妥善处理档案搬迁过程中装箱、运输、清点、重新上架等工作。

3.3.4.2　组卷流程

（1）对属于归档范围的项目文件进行分类，确定归入案卷的文件材料。

（2）对卷内文件材料进行排列、编目、装订（或装盒）。

（3）排列所有案卷，形成案卷目录。

3.3.4.3　组卷方法

长江大保护工程建设项目文件按项目、工期，结合阶段、专业、事由、来源、时间等特征组卷，卷内文件排列应符合工作流程或事件顺序。

（1）项目前期文件（A类）。按阶段、事由、来源结合时间特征组卷。其中，立项审批阶段文件根据审批事项内在联系分别整体组卷；设计文件按照设计的不同阶段和专业分别整理组卷；招投标、合同有关材料应按照招投标工作程序、合同整理组卷。

（2）项目执行文件（B类）。

1）施工技术文件按单位工程、分部工程或阶段、结构、结构、专业组卷，专业承（分）包施工的分部、子分部（分项）工程应单独立卷，室外工程应按室外建筑环境和室外安装工程单独立卷，当施工文件中部分内容不能按一个单位工程分类立卷时，可按建设工程立卷，信息系统开发按应用系统组卷。

2）设备制造、采购文件按专业、系统、台套组卷。

3）监理（监造）文件按监理（监造）的合同标段、事由结合文种组卷。

4）施工管理性文件应按年度、问题或两者结合整理组卷。

5）竣（交）工验收及其前置性的各单项验收文件应按问题组卷，缺陷责任认定及修复工作等文件材料应按问题或年度组卷，竣工图应按单位工程分专业进行组卷，竣工验收文件应按单位工程分专业进行立卷。

6）生产准备、试运行、运行等生产类文件按照年度、阶段、事由结合时间顺序组卷，调试文件按阶段、专业等组卷。

（3）项目运营文件（C类）。设备文件，按专业、系统、台套组卷；成册、成套的工程技术文件宜保持其原有形态；建设项目和设备仪器在维修和维护中所形成的技术文件，宜采取插卷方式放入原案卷中，也可单独组卷排列在原案卷之后，并在原案卷的备考表中予以说明和标注。

（4）科研项目文件按照科研项目（课题）组卷，应当根据科研内容和科研管理程序，结合科研项目特点对所形成的科研文件材料加以系统整理，履行审查手续后及时组卷。

3.3.5 排列

3.3.5.1 组（分）建及件内排列

管理性文件分件：正文与附件合为一件；文件正本与定稿合为一件；转发文与被转发文合为一件；会议纪要以每次会议为一件；会议记录以每一本为一件；来文与复文（如请示与批复、报告与批示、函与复函等）一般独立成件合并组件。

技术性文件分件：蓝图一张为一件；胶装图纸一册为一件；报表等每期为一件；施工、监理日志等每本为一件；安全、环保、文明施工等专项记录每个月度为一件；分项或子分项工程的测量、试验、施工、检验、评定、中间交工证书等记录合为一件，件内各项记录按照工程形成的规律排序；分部工程评定记录每一分部为一件；单位工程、合同段工程评定记录各位一件。

未归入分项工程的其他施工记录按事件、时间等合理分件并排序。

每份文件应在编制卷内目录时登记自有或合理拟定的文件题名。

3.3.5.2 案卷排列及卷内文件排列

案卷排列结合工程建设程序、项目划分、专业和内容，按分类表目顺序依次排列。

（1）项目前期、项目管理、项目竣工验收阶段形成的管理性文件：按事由结合时间（阶段）或重要程度排列。应按批复在前、请示在后，复文在前、来文在后，正文在前、附件在后，审批文件在前、报审文件在后；文件在前、图纸在后排列，结论性文件在前，依据性文件在后，译文在前、原文在后的顺序排列。

（2）单位工程文件：按单位工程管理性文件、施工记录及相关试验报告、质量验收文件顺序排列。其中：施工记录，按施工工序排列；施工质量验收文件，应依据单位工程质量验收划分表顺序排列。

（3）设计更改文件：应分专业按流水编号排列；卷内文件应按设计更改执行情况汇总表、设计更改文件、执行情况记录依次排列；与设计更改有关的联系单一并归入设计更改文件。

（4）监理文件：应按管理文件、监理日志、监理记录、监理月报、监理会议纪要、监理总结顺序排列；卷内文件按问题、时间排列。

（5）招投标合同协议文件：按合同文本、合同谈判文件、合同变更（索赔）、设计变更（按专业、部位、时间）、工程变更洽商函件（按专业、部位、时间排序）、材料代用核定审批件（按品种、型号排序）、工程量核定、概预算及审批、价差资料、质量奖励、造价分析、结算资料、完（竣）工结算资料等排列。

（6）调试、试验文件：应分专业按管理文件、调试记录（报告）、调试质量验收文件排列。质量检测试验文件按专业、部件、零件等排列。

（7）信息系统开发文件：按需求、设计、实施、测试、运行、验收排列。

（8）设备工艺文件：按设备制造过程文件、设备检验记录、出厂验收文件、质量合格证明、商检、设备装箱单、开箱验收记录、设备安装调试记录、测定数据、性能鉴定文件、设备安装、使用、保养、维护说明书等排列。

（9）质量保证文件：按材料种类、型号、批次排列，再按检验成果、材质证明、检验原始记录排列。

（10）施工图、竣工图，施工图：应分专业按卷册号顺序排列；卷内文件按图号顺序排列，图纸目录作为图纸的内容归档，零星编制卷内目录。竣工图原则上按照施工设计图排列，对变更较多的建设项目（合同）首先按单位工程、分部（分项）工程、单元工程组合，再按专业排列。项目（合同）总图和综合图单独排列在最前；与施工图有关的设计变更通知如数量较少可附在相应的竣工图后，数量较多可单独组卷；技术核定单、现场洽商和材料变更，按文件资料整理方法，单独整理、组卷。

（11）生产准备、试运行、竣工验收文件：按主题、事由排列。

（12）科研项目文件：按开题、方案论证、研究实验、阶段成果、结题验收排列。

（13）建设项目运营文件资料：原则上按项目、问题、年度等排列。

（14）建设项目反向移交文件：原则上按项目、问题、年度等排列。

3.3.6 编目

案卷编目包括案卷封面、案卷脊背、案卷目录、卷内备考表、案卷目录，详见附录 E。

3.3.6.1 页号编写

（1）文件应按书写内容的页面编写页号。每卷单独编号，页号从"1"开始。页号编写位置：单面的，在文件右下角；双面的，正面在右下角，反面在左下角。

（2）文件页号按案卷装订的形式分别编写。按卷装订的，卷内文件应从"1"编写连续页号；按件装订的，每份文件从"1"编写页号，件与件之间页号不连续。卷内目录、卷内备考表不编写页号。

（3）成套图样或印刷成册的文件材料，自成一卷的，如果页号连续完整，沿用原页号；如果已有页号不连续应重新编写页号。

（4）案卷封面、卷内目录、卷内备考表不编写页号。

3.3.6.2 件号编写

按"件"装订的文件，应依卷内文件排列顺序逐件编号，在每份文件首页上方的空白位置加盖档号章，并填写档号和序号。

档号章式样：

档　　号	序　　号

注：1. 档号章尺寸大小：20mm×50mm。
　　2. 档号示例"TGBC.12-J01.01.01-A1-0001"中的"TGBC.12-J01"可以刻在档案章内，".01.01-A1-0001"手写在档号章格内。
　　3. 序号为卷内文件的排列顺序。

3.3.6.3　案卷封面

案卷封面应印刷在卷盒、卷夹的正表面，也可采用内封面形式。案卷封面的内容包括档号、案卷题名、立卷单位、起止日期、密级、保管期限、本案卷所属工程的案卷总量、本案卷在该工程案卷总量中的排序。案卷封面的编制要求如下：

（1）案卷题名应简明、准确地揭示卷内文件的内容。

（2）立卷单位，填写案卷整理单位的全称或规范简称。

（3）起止日期，填写案卷内全部文件形成的最早和最晚的日期。用8位阿拉伯数字标识，如：20230101-20231231。

（4）保管期限，填写依照有关规定划定的保管期限。同一案卷内文件保管期限不同的，应从长。

（5）密级应在绝密、机密、秘密三个级别中选择划定。当同一案卷内有不同密级的文件，应以高密级为本案卷密级。

（6）档号由全宗号、项目排序号、项目代号或年度、分类号、案卷号组成。

3.3.6.4　卷内目录

卷内目录应排列在卷内文件首页之前，不编写页号，卷内目录格式按照《科学技术档案案卷构成的一般要求》（GB/T 11822）执行。

（1）序号，应以一份文件为单位编写，用阿拉伯数字从"1"依次标注卷内文件排列的顺序。

（2）文件编号，应填写文件形成单位的发文号或图纸的图号，或设备、项目代号。

（3）责任者，应填写文件的直接形成单位或个人，有多个责任者时，应选择两个主要责任者，其余用"等"代替。合同文件应填写合同双方或各方责任单位。

（4）文件题名，应填写文件标题全称。当文件没有题名或题名不完整的，立卷人可根据文件内容自拟题名，拟写标题外应加"[ ]"符号。卷内文件题名不得出现重名或"之一"等。

（5）日期，填写文件形成的日期或文件的起止日期，竣工图应填写编制日期。用8

位数标识，如：20230101。文件形成日期只有年月的，按当月第 1 日补齐 8 位。

（6）页数（页号），按照装订形式分别填写。按"件"装订的，应按"件"逐一填写每份文件的总页数；整卷装订的，应填写每份文件首页页号，最后一个文件填写起止页号，中间用"—"隔开。

（7）备注，根据需要，填写需注明的情况。

3.3.6.5　卷内备考表

（1）卷内备考表排列在卷内全部文件之后，卷内备考表格式按照《科学技术档案案卷构成的一般要求》（GB/T 11822）执行。

（2）卷内备考表应标明案卷内全部文件总件数、总页数以及在组卷和案卷提供利用过程中需要说明的问题。

（3）立卷人和审核人应在卷内备考表上签字，日期应按立卷、审核时间填写。

（4）互见号应填写同一内容不同载体档案的档号，并注明其载体类型。

3.3.6.6　案卷脊背

案卷脊背印制在卷盒侧面，应根据需要选择填写档号、案卷题名、保管期限等内容。案卷脊背项目可根据需要选择填写，见附录 E。

3.3.6.7　案卷目录

案卷目录应包含序号、档号、案卷题名、总页数及其他特征。序号，应填写登录案卷的流水顺序号。总页数，应填写案卷内全部文件的页数之和。

3.3.7　装订

案卷的排列顺序：案卷封面、卷内目录、归档文件、备考表。

3.3.7.1　案卷内文件可整卷装订或以"件"为单位装订

（1）以"件"为单位装订的案卷，应在每件文件首页上方空白处加盖档号章。档号章按照《科学技术档案案卷构成的一般要求》（GB/T 11822）填写。

（2）整卷装订的案卷，案卷封面、卷内目录、卷内文件材料及备考表合并装订。

（3）图纸可不装订，在每张图纸标题栏附近空白处加盖档号章。

（4）应要求出图单位按照《技术制图 复制图的折叠方法》（GB/T 10609.3）的规定，统一折叠图纸。

（5）破损的项目文件按《档案修裱技术规范》（DA/T 25）修复，不得使用胶带粘贴。

（6）对非标准 A4 幅面文件，应粘贴或折叠后达到 A4 标准幅面。

（7）外文材料应保持原装订形式。

3.3.7.2 装订方法

归档项目文件装订应结实、整齐，载体及装订材料的选择应满足归档文件在保管期限内装订牢固和安全保护要求。

（1）归档文件装订一般采用线装法的直角装订或三孔一线装订法，不使用热熔胶、办公胶水、塑封压膜、回形针、大头针、燕尾夹、装订夹条、不锈钢夹、封套等可能对归档文件造成损害或者固定效果不佳的方式装订。

（2）相同保管期限、厚度相似的归档文件装订方式应一致。

1）永久、定期30年保管的归档文件，应采用线装法装订。归档文件页数较少的，使用直角装订；页数较多的，使用三孔一线装订。

2）定期10年保管的归档文件，原装订方式、材料能够满足保管期限需要的，可以维持原装订方式不变，也可采用不锈钢订书钉装订；装订时应无坏钉、漏钉、重钉，归档文件不掉页；需要拆除不符合要求的订书钉时，应尽量减轻对归档文件的损害，装订位置与原订书钉保持一致，以尽量降低对纸张可能造成的危害。

3.3.8 装盒

装盒指将装订好的案卷放入相应卷盒内，卷盒、卷皮、卷内表格规格及制成材料应符合《科学技术档案案卷构成的一般要求》（GB/T 11822）。

3.3.9 确定保管期限

地方城建档案馆、建设单位档案部门应依据保管期限表对项目档案进行价值鉴定，确定其保管期限，同一卷内有不同保管期限的文件时，该卷保管期限应从长。长江大保护建设管理项目档案保管期限大部分为永久和个别为30年定期，具体保管期限可参见附录A。

3.4 项目文件过程管理

建设单位要充分认识做好档案工作是长江大保护项目合法权益、安全高效生产运行的基础保障，要不断规范项目文件的过程管理，不断提升工程项目文件管控水平，以满足各项工作对工程项目档案利用需求。为此，需要从体制机制建设、人员配置、过程管控等各方面强化项目文件过程管理，推进长江大保护项目文件过程管理的规范化、流程化和体系化。

3.4.1　加强长江大保护项目档案工作体制机制建设

3.4.1.1　不断提高档案机构履职能力

长江大保护项目建设单位要贯彻落实国家、地方档案主管部门以及集团对档案工作要求，建立健全本单位长江大保护项目档案工作体系，持续加强对长江大保护项目档案工作的统筹管理和监督指导。建设单位要明确长江大保护项目档案工作的分管领导，切实担负起项目档案工作的主体责任，策划组织实施项目档案工作，要定期开展档案工作质量评比、业务交流等活动，在参建单位中形成良好的档案工作氛围，要定期调查研究长江大保护项目档案工作情况，协调解决项目档案工作中的困难与问题。

3.4.1.2　要构建工程项目档案工作"联合监管"工作机制

档案管理机构要与工程建设管理部门密切配合、加强协作，采取联合发文、联合监督检查等形式，建立项目档案工作"联合监管"的机制，对长江大保护项目档案工作开展监督检查及指导工作，齐抓共管、形成合力，共同推动长江大保护项目档案工作发展。

3.4.1.3　要配备满足工程项目档案工作需要的专兼职档案人员

建设单位要依据项目规模为下属项目单位配备满足工作需要的专（兼）职档案人员。建设单位工程管理相关部门、各参建单位应配备专人或指定人员负责项目文件管理工作，建设期间应保持档案人员的稳定。

3.4.1.4　要做好工程项目建设期与生产运行档案的有效衔接

对建管结合的长江大保护项目，建设单位要监督指导各项目公司持续做好生产运行阶段档案工作，特别是 PPP 项目，要满足 10～30 年的运营期结束后向政府部门反向移交需要；对建设、运行分属同一单位不同子公司的项目，各单位要履行监督指导责任，协调建设单位和生产运营单位做好档案完整交接，指导生产运营单位持续做好生产运行阶段档案的收集整理工作，确保运行期档案的完整。

3.4.2　加强工程项目招采及合同管理环节档案工作要求

3.4.2.1　在招标文件审查时邀请档案机构参加

在工程项目招标文件审查时，应当邀请本单位档案机构参加，档案人员重点对招标文件中有关档案业务要求提出审查意见。

3.4.2.2　在投标文件评审时审查档案相关内容

在投标文件评审时，要将招标文件中有关档案业务要求落实情况纳入审查项，特别是要对总承包项目中总承包单位投标文件中的项目档案工作组织建立方案进行审查。

3.4.2.3　在合同条款中明确专门档案要求

建设单位在编制招标采购文件和与参建单位签订合同、协议时，应设立专门章节或条款，明确项目档案业务人员资质要求，项目文件管理责任，包括项目文件形成的质量要求、归档范围、归档时间、归档套数、整理标准、介质、格式、费用及违约责任等内容。监理合同条款还应明确监理单位对所监理项目文件和档案的检查、审查责任。

3.4.2.4　在并购协议中明确档案移交要求

以并购方式获取的工程项目，要将原项目法人移交全部项目档案的要求纳入并购协议。

3.4.2.5　在总承包合同中明确职责要求

对实行总承包的项目，要在招采文件及合同条款中按照《建设项目档案管理规范》（DA/T28）明确总承包单位对项目档案管理的职责要求，将项目档案管理实施细则、档案归档移交考核、工程创优档案管理目标作为合同文件的重要组成部分。

3.4.2.6　在合同中明确档案数字化副本移交要求

建设单位在合同中明确纸质档案数字化副本的归档要求。

3.4.2.7　在合同支付环节明确档案审核要求

合同款支付审批时应审查项目文件的归档情况，要将档案机构纳入各合同项目最后一笔合同款支付审批程序，将项目文件形成质量和归档情况作为合同尾款支付的前提条件。

3.4.3　加强工程项目档案过程管控

3.4.3.1　做好工程项目筹建阶段档案的同步收集

建设单位要依据长江大保护项目档案分类、归档范围和保管期限表要求，高度重视水文水情、规划勘察、立项审批、专项审查、可研报告、科研试验、招标采购、征地补偿等工程前期文件的收集，明确专人在项目筹建阶段同步做好此类文件的收集、整理及归档工作。

3.4.3.2　做好工程项目开工前档案管理规划编制及审查

建设项目开工前宜编制完成项目档案管理规划，并根据项目层级报各级档案管理机构审批备案。

3.4.3.3　做好工程项目档案技术交底工作

各单位档案机构要在基建项目开工后，在各关键环节和重要节点对各建设单位开展档案技术交底工作，建设单位要对主要参建单位做好进场前档案技术交底工作。各单位可根据实际情况将对建设单位及主要参建单位开工前档案技术交底工作合并进行，各单位做好相关记录并归档。

3.4.3.4　做好对总承包单位档案管理职责监督、指导工作

对实行总承包的工程项目，建设单位要按照《建设项目档案管理规范》（DA/T 28—2018）要求，监督落实好总承包单位合同范围内项目档案管理的主体责任。在项目初期对总承包单位项目档案工作组织建立情况进行监督检查；在项目实施阶段，对总承包单位履职尽责以及项目档案同步整理归档等方面进行监督检查，特别是要对总承包单位审核各分包单位文件材料并对签署审核意见的执行情况进行监督检查。项目实施过程中，各单位不定期对总承包单位开展履职尽责情况进行检查，对检查中发现的问题责令限期整改。确保分包项目档案工作与工程进展同步推进。监理单位要对总承包单位归档文件的完整性、准确性、系统性、规范性进行审查。

3.4.3.5　做好工程项目档案管理"三同时"

建设单位在项目开工后在下达项目计划、检查项目进度时，要同时部署、检查档案工作；在分部工程、分项工程验收时，同时验收项目文件材料归档情况；项目总结应当同时做好项目文件材料归档交接。

3.4.3.6　做好归档文件"四级审核"把关

建设单位要进一步压实工程管理部门管项目必须管档案的责任，明确工程管理部门对工程项目合同文件归档进度、归档质量的管理责任；严格落实工程项目文件归档时必须执行施工单位自检、监理审查、工程管理部门复核、档案机构审核的"四级审核"把关制度，并在各个审核过程中留存工作记录，确保建设项目档案完整、准确。

3.4.4 其他方面

3.4.4.1 加强声像文件的收集整理工作

建设单位要切实加强工程项目声像文件工作的领导。正式开工前，明确声像文件责任人及审核、指导部门，配备满足声像档案采集的设施设备，确保声像文件的收集整理及时、完整、准确。对需要参建单位完成的声像文件收集、整理要求及归档时间，应在合同中予以明确，特别是实行总包管理的项目，要约定总包单位对各分包单位声像文件的审核把关责任。

3.4.4.2 加强工程项目文件安全管理

建设单位要对文件安全管理进行全面部署，确保文件实体和文件信息绝对安全。要监督检查各参建单位做好工程项目文件材料归档前的保管工作，避免因保管不当造成文件材料的污损、遗失等情况发生。汛期来临前，建设单位要组织对参建单位现场文件材料保管情况进行安全检查，对发现问题要及时整改。建设单位要按照水灾、台风、火灾等不同灾情的档案突发事件应急处置措施，统一制定项目现场档案突发事件应急处置预案，不定期组织参建单位档案突发事件应急演练，持续提升应急处置能力。

3.5 项目文件归档

对于建设工程而言，归档有两方面含义：一是建设、勘察、设计、监理、施工、总承包、检测、供货等单位将本单位在工程建设过程中形成的文件交本单位档案管理机构保存；二是勘察、设计、监理、施工、总承包、检测、供货等单位将本单位在工程建设过程中形成的文件交建设单位档案管理机构保存。本节项目文件归档是指建设和运营单位项目管理相关部门及参建单位按照国家、行业以及企业有关规定将办理完毕且具有保存价值的项目文件经系统整理，交项目所在地城建档案馆、建设单位档案管理机构、运营单位档案管理机构保存的过程。

3.5.1 归档要求

（1）根据建设程序和工程特点，归档可分阶段分期进行，也可在单位或分部工程通过竣工验收后进行。

（2）勘察、设计单位应在任务完成后，施工、监理单位应在工程竣工验收前，将各自形成的有关工程档案向建设单位归档。

（3）建设单位应结合项目建设内容、特点、管理模式等特征制定符合项目实际的项目文件归档范围和保管期限表。

（4）各参建单位项目负责人应对其归档文件的内容、质量负责。

（5）不属于归档范围，没有保存价值的项目文件，文件形成单位可自行处置。

3.5.2 归档时间

（1）文书及项目管理文件材料归档工作一般应于次年 6 月底前完成。形成周期较长的文件材料归档工作一般应在相应工作结束后 2 个月内完成。

（2）项目建设过程中形成的文件，应在合同工程完工验收后 3 个月内，由施工、调试、设计单位自检、监理单位审查、建设单位验收合格后归档；监理文件由监理单位自检，建设单位验收合格后归档。

（3）科学技术研究文件，应在项目鉴定、评审结果公示期结束 1 个月内，由成果研发负责人或科技主管部门及时收集、归档；后续获奖文件应及时归档。

（4）技术改造、设备检修等文件，应在工程完工后 1 个月内，由项目承包单位搜集整理完毕，经项目负责人审查合格后归档。

（5）设备仪器文件，应在设备开箱检验后及时收集、整理、归档。

（6）生产运营期形成的文书及管理类文件材料，一般应于次年 6 月底前完成归档。合同文件材料，应在合同完工验收后 3 个月内完成归档。

3.5.3 归档份数

可根据各方合同中约定，同时综合考虑政府实施机构、档案馆等相关部门、建设单位、设计、监理、施工等单位档案管理机构归档数量要求，最终确定归档份数，重点做好档案原件份数控制，特别是开工、竣工、单位工程评定、工程质量评定、变更材料等重要材料适当增加原件份数。

建设单位须及时将原件份数、归档份数信息与形成人员沟通，保证归档要求。工程档案编制套数应不少于两套。为满足日后利用需求，必要时再增加一至两套，如运营单位保留一套，一个项目涉及多个管理部门保留相应套数。

3.5.4 归档手续

建设单位各职能部门收集、整理职责范围内的应归档项目文件，以单份文件归档的填写"××部门文件交接登记表"，经归档部门负责人审核、档案部门审查符合归档要求后，办理归档手续。

各参建单位将合同单位应归档的项目文件收集、整理、组件、编目并经本单位自检、监理审查、建设单位验收后，填写"××项目档案交接登记表"，办理项目档案交接签证。

工程生产、科研课题文件材料经相关部门、项目单位整理、组卷、编目并完成自检、审查后，填写"工程生产/科研档案交接登记表"，办理工程生产、科研课题文件材料归档手续。

各参建单位按建设单位文件归档范围及要求整理建设项目文件后，施工、监理、建设单位应分别进行自检和审查并签署意见，办理归档手续。按要求编制建设项目归档统计表（见表3-2）、案卷移交清册（见表3-3）及归档审签单（见表3-4）：

表3-2　归档统计表

序号	分类	归档数量			备　注
		卷	件（盘）	页（张）	
1	图　纸				
2	纸质文件				
3	电子文件				
4	声　像				
5	其　他				
6	合　计				
移交人： 年　月　日			接收人： 年　月　日		

表3-3　案卷移交清册

序号	案卷号	案卷题名	立卷单位	件数	页数	保管期限	备注

表 3-4　建设项目档案归档审签单

×× 抽水蓄能有限公司文件归档审签单

×× 字（　　）第____号

项目（课题、部门）名称：_____

项目合同号：_____

　　经审核，该项目（课题、部门）文件材料的收集、分类、组卷、编目及移交时间均符合规定，形成的案卷达到了完整、准确、系统的要求，同意归档。

移交单位负责人：　　　　　　　审核单位负责人：

（单位盖章）　　　　　　　　　（盖章）

项目部门负责人：　　　　　　　技术管理部负责人：

（盖章）　　　　　　　　　　　（盖章）

归 档 审 签 单 表

序号	文件类型	归 档 数 量			备注
		卷	件（盘）	页（张）	
1	图　纸				
2	文字文件				
3	声　像				
4	电子文件				
5	其　他				
6	合　计				

移交单位(移交人)_____　　　　接收人_____　　　年　月　日

注：本次归档移交案卷的编制说明、案卷目录、卷内目录附后装订，一式两套。

第4章
项目档案移交

项目档案移交是指有关单位档案管理机构根据合同、协议或规定，将有关项目档案整体交运营单位、归口管理单位等接收方档案管理机构保存的过程。

4.1 移交要求

4.1.1 建设单位向运营单位、项目主管部门或者有关档案管理机构移交

（1）竣工验收后，建设单位应按有关规定向运营单位及其他有关单位办理档案移交手续，包括档案移交的内容、数量、图纸张数等，并有完备的清册、签字等交接手续。

（2）列入城建档案管理部门接收范围的工程，工程档案的编制不得少于2套，一套应由建设单位保管，另一套由建设单位在工程竣工验收后3个月内，移交当地城建档案管理机构保存。

（3）停、缓建的项目，其档案由建设单位负责保存；建设单位撤销的，其项目档案应向项目主管部门或者有关档案机构移交。

4.1.2 运营期项目档案与项目整体向政府移交

项目公司应做好运营、维护、移交等工作的日常管理和信息记录，项目合同约定期满移交前，项目公司应与政府、项目实施机构、项目主管部门等共同组织成立档案移交工作组，启动档案移交准备工作。档案移交工作组应按照项目合同约定的移交标准及当地档案管理机构的有关要求，做好运营期档案移交并办理移交手续。

4.2 移交手续

建设档案移交给运营单位或项目属地城建档案管理机构时，应制订案卷移交清册（见表4-1），并办理移交手续。

表 4-1　案卷移交清册

序号	案卷号	案卷题名	立卷单位	件数	页数	保管期限	备注

第5章
项目档案管理

5.1　项目档案整理概述

5.1.1　项目档案汇总整理

建设单位档案管理机构应依据项目档案分类方案对全部项目档案进行统一汇总整理，组成一个完整的建设项目档案体系，并通过编目加以固定，排列上架。

建设单位项目档案的汇总整理包括实体档案和电子档案，并编制项目档案整理情况说明，对全部的项目档案进行统计。

5.1.2　编制目录，建立项目档案管理卷

项目档案管理卷是指档案管理机构在管理某一项目过程中形成的，包括项目概况、标段划分、参建单位归档情况说明、档案收集整理情况说明、交接清册说明等项目档案管理情况的有关材料组成的专门案卷。

地方城建档案馆、建设单位档案部门要根据全部的项目档案，编制项目档案案卷目录、特殊载体档案目录等，建立项目档案管理卷。

5.2　项目档案鉴定

对于保管期限已满的项目档案，应重新鉴定其保管价值，对于仍具有保管价值的档

案，应赋予其新的保管期限；对于没有保管价值的项目档案，经鉴定销毁领导小组审议同意后，进行销毁。销毁档案需要在指定的地点，由档案管理部门有关人员组织，档案鉴定小组及业务部门各派1人监销。监销人在档案销毁前应当按照档案销毁清册所列内容进行清点核对。销毁完毕后，监销人和销毁人共同在《档案销毁清册》上签字，写明销毁日期并注明"已销毁"。档案鉴定过程中形成的鉴定工作申请、报告、销毁清册等材料应立卷归档，永久保存。

5.3 项目档案保管

档案保管是对已整理归档并入库上架的实体档案和归档保存的电子档案及其载体的日常维护和管理，确保档案的有序存放，维护档案的完整与安全，便于各方对档案的利用。

5.3.1 库房建设

建设阶段，各参建单位的建设项目档案采取谁产生、谁整理的原则，项目归档文件的收集、整理与项目建设同步进行。

建设单位在项目建设初期，应将档案库房建设列入建设计划，办公室、阅览室、档案库房应实现"三分开"，有条件的应考虑档案的整理室、特殊载体档案的陈列室等。

改造、新建或扩建档案库房应参照《档案馆建筑设计规范》（JGJ 25—2010）的相关要求进行建设，库房楼面荷载满足安全要求。档案库房应符合防火、防盗、防水、防潮、防高温、防紫外线照射、防尘、防有害生物（霉、虫、鼠）等"八防"要求。

5.3.2 设施设备

建设单位和参建单位根据档案工作的实际需求，为项目档案的安全保管提供必要的设施设备，确保档案的保管和安全。设施设备主要包括：

（1）档案柜架：密集架、防磁柜、特殊载体档案陈列柜等。

（2）档案保护设施设备：消防设施设备、温湿度监控设备、防盗、防光、防尘等设施设备，主要包括消防自动报警和气体灭火器材、除湿机、恒温恒湿机、防盗门窗（或入室报警器）、档案消毒柜、空气净化器等。

（3）办公设备：计算机、打印机、复印机、扫描仪、装订机、光盘刻录机等。

5.3.3 库房管理

（1）档案管理部门应建立档案库房管理制度，落实"八防"措施，加强库房日常管理。

（2）档案库房应专人管理，借阅者和无关人员未经许可，不得进入库房。

（3）做好库房温度、湿度记录和调节工作，确保各类载体档案的安全保管。

（4）定期清扫档案库房，保持干净整洁，案卷排列整齐有序；不得存放与档案保管、保护无关的物品，严禁存放易燃易爆等危险物品及其他杂物。

（5）档案人员应定期组织检查、维护档案库房设施设备，发现隐患及时排查处理，确保档案装具正常使用、档案保护设施设备正常运转。

（6）档案人员应做好档案的接收、移交、利用、出入库等日常登记工作；定期对档案进行清点核对，做好清点记录，对破损档案及时进行修补和复制。

5.4 项目档案利用

项目档案价值的实现在于满足用户的利用需求，为企业的生产、经营、建设、管理及可持续发展提供有效服务。

5.4.1 建立制度

建设单位应建立档案利用制度，对利用的范围、对象、审批流程及相关罚责等做出明确规定。制度的建设应遵循"以用户为中心，以利用为导向"原则，在确保安全保密的前提下，尽可能开放利用。项目档案利用应以电子文件为主，实体文件为辅。

5.4.2 借阅流程

（1）借阅实体档案，应填写借阅利用登记表，由所在部门领导及档案机构负责人审签后提供，并办理出库手续；用户利用完毕，应反馈利用效果情况。

（2）在数字档案馆系统中，可查阅利用权限范围内的电子档案；在档案管理系统中查阅非利用权限范围内的电子档案，应由查阅人提出在线查阅申请，经审批同意，档案人员开放查阅权限后，用户方可阅览或下载使用。

5.4.3 归还清点

归还实体档案时，档案人员应与阅档人当面清点检查，经检查无误后办理归还手续。

5.4.4 责任追究

如发现档案损坏、散失、涂改、勾画、私自拆装及档案系统被攻击、电子档案遭到侵害等情况，应及时汇报，并依据相关规定，追究查询、借阅人员相应的责任。

5.4.5 档案编研

建设单位档案部门应根据项目建设和运行管理的需要编制必要的编研材料，如专题文件汇编、项目大事记、主要设备台账、项目合同台账、常用图集、专题研究等。

5.5 项目档案统计

档案统计工作应遵循真实性、准确性、及时性与完整性原则，如实反映项目档案及档案工作状况和成果。

5.5.1 建立基础台账

建设单位档案机构要建立档案管理各类基础台账，及时准确地记录档案接收、整理、保管、利用、鉴定销毁、档案数字化加工及档案专兼职人员、档案设施设备等情况，为档案统计工作奠定基础。

5.5.2 统计分析

建设单位档案机构按年度统计本单位档案管理情况，并形成档案统计年报。档案统计结果可以用文字、图表的方式表达，支持以可视化方式显示，便于统计分析。

第6章
特殊载体档案管理

6.1 数码照片档案管理

数码照片是指用数字成像设备拍摄获得的，以数字形式存储于磁带、磁盘、光盘等载体，以计算机等数字设备阅读、处理，并可在通信网络上传送的静态图像文件。数码照片档案是机关、团体、企事业单位和其他组织在处理公务过程中形成的对国家和社会具有保存价值并归档保存的数码照片。数码照片档案一般包括3个部分：数码图像、文字说明和可交换图像文件信息（EXIF）。

数码照片档案与传统照片档案的构成区别在于，数码照片档案没有底片，但在数码照片拍摄过程中会形成一系列EXIF信息。EXIF信息是指镶嵌在图像文件格式内的一组拍摄参数，主要包括拍摄时的光圈、焦距、分辨率、相机品牌型号、日期时间等。

6.1.1 归档范围

长江大保护项目建设过程反映原始地形地貌、重大事件（如开工典礼、领导视察、竣工仪式等）、重大活动、各阶段质量监督检查、隐蔽工程、重要部位、关键工序、缺陷处理（施工缺陷、设备缺陷等）、工程质量、安全事故、宣传展示及其他具有保存价值的照片。具体归档范围参见附录B。

6.1.2 归档时间

（1）建设单位形成的反映项目建设的数码照片，自形成之日起3个月内（最迟不超过次年6月），由形成部门及时整理并向本单位档案管理部门移交。

（2）各参建单位应及时收集整理，在工程竣工后与纸质档案一起向建设单位移交。

6.1.3　归档要求

（1）归档的数码照片应是用数字成像设备直接拍摄形成的原始图像文件，不得对数码照片的内容和 EXIF 信息进行修改和处理。

（2）对反映同一内容的若干数码照片，应选择其中具有代表性和典型性并能全面反映事件全貌的数码照片归档，要求其主题鲜明、影像清晰、画面完整；反映同一场景的数码照片一般只归档一张。

（3）归档的数码照片应为 JPEG、TIFF 或 RAW 格式，推荐采用 JPEG 格式；拍摄像素应在 200 万以上，容量一般为 900KB 以上。

（4）归档的数码照片应附加文字说明，文字说明应综合运用"事由、时间、地点、任务、背景、摄影者"等六要素，概括解释该张数码照片所反映的主要内容；数码照片中有重要人物的应明确其具体位置。

（5）数码照片可以通过存储到符合要求的脱机载体上进行离线归档，也可以通过相关管理系统在线归档。

（6）归档时，应参照《数码照片归档与管理规范》（DA/T 50—2014）对数码照片进行真实、完整、可用和安全方面的鉴定、检测。

（7）应办理移交接收手续，填写"数码照片归档登记表"（示例见表 6-1，表中斜体字为填写示例）和"数码照片移交清单"（示例见表 6-2，表中斜体字为填写示例），交收双方各留一份备查。

表 6-1　数码照片归档登记表

单位（部门）名称	×××公司（×××建设单位 ×××部门）		
归档时间	年　月　日		
归档数码照片数量	张　MB	照片格式	JPG
归档方式	［在线归档/离线归档］		
检验项目	检验结果		
载体外观检验	外观良好，无划痕、无破损等现象		
病毒检验	经检查，无病毒		
真实性检验	未修改、剪裁，切实本工程的真实记录		
可靠性检验	来源可靠		
完整性检验	数码照片及其元数据能——对应，数量准确且齐全、完整		
可用性检验	可读、可利用		
技术方法和相关软件说明登记表、软件、说明资料检验	［写明对技术方法与相关软件说明登记表、软件、说明资料检验的情况及结果］		

（附数码照片移交清单共＿＿页）

移交单位（部门）（盖章）：　　　　移交单位（部门）（盖章）：

负责人（签字）：　　　　　　　　　负责人（签字）：

移交人（签字）：　　　　　　　　　接收人（签字）：

移交日期：　　　　　　　　　　　　接收日期：

表 6-2　数码照片移交清单

序号	照片号	题名	时间	摄影者	互见号	备注
1		三峡×××管网项目施工照片	YYYYYMMDD	×××	应填写反映同一内容不同载体档案的档号，并注明其载体类型	

6.1.4　数码照片整理

6.1.4.1　分类和排列

（1）同一个长江大保护项目的数码照片档案可按"专题——年度""事项——年度""工程项目——年度"，或按照"年度——专题""年度——事项""年度——工程项目"等建立分类方案，设置文件夹；每个文件夹下可按照具体的需要设置多级文件夹，最低一级文件夹内存放照片组。

（2）反映原始地形地貌、重大事件、重大活动、重要会议、质量监督检查等的数码照片，按照片形成的年度分类；反映工程施工的数码照片，考虑到工程建设跨年度的可能性，以及保持数码照片编号的连续性，这类跨年度形成的反映工程施工的数码照片归入工程竣工年度。

（3）照片组是指有密切联系的若干张数码照片的集合。如一次会议、一项活动、一个单位工程等反映同一问题或事由的若干张数码照片为一个照片组，全部存储到同一层级文件夹内。

（4）同一照片组内的数码照片档案按形成时间排列，并以序号加照片题名作为文件名称。

6.1.4.2　档号结构

（1）参照《数码照片归档与管理规范》（DA/T 50—2014）及《档案编号规范》

（Q/CTG 398—2021），照片档案档号结构为：全宗号－档案类目代号和年度－保管期限代码－组号－张号，如图 6-1 所示。

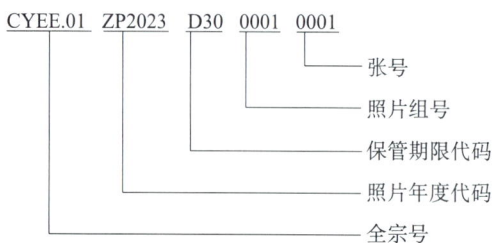

图 6-1　数码照片档案档号结构示例

（2）若同一全宗内有多个项目同时在建，其照片档号可能存在重复，可在全宗号后增加项目排序号。

示例：

2023 年度某环保分公司下的第一个管网项目产生的第 4 组第 1 张保存期限为 30 年的照片，数码照片档案档号为：全宗号－GW01-ZP2023-D30-0004-0001，其中 GW01 表示该公司第一个管网项目。

6.1.4.3　命名

（1）整理过程中，应对数码照片进行重命名。

（2）数码照片采用档案命名，命名规则为"全宗号－档案门类代码和年度－保管期限代码－照片组号－张号.扩展名"。

1）全宗号：立档单位的代号，由上级单位统一编制并印发执行。

2）档案门类代码和年度：用"照片"2 位汉语拼音首字母"ZP"标识；年度为 4 位阿拉伯数字。

3）保管期限代码：分别用 Y、D30 和 D10 代表永久、30 年和 10 年。

4）组号：为 4 位阿拉伯数字，同一年度内的照片组从"0001"开始顺序编号。

5）张号：为 4 位阿拉伯数字，同一照片组内的数码照片从"0001"开始顺序编号。

示例：

2023 年度某环保分公司下的第一个管网项目产生的第 4 组第 1 张照片，保存期限为 30 年，存储格式为 JPEG，则该数码照片文件名为：全宗号－ZP2023-D30-0004-0001.jpg。

6.1.4.4　著录

数码照片档案按张编目，至少应包括以下著录项目：全宗号、保管年限、年度、部门、照片组号（事件号）、张号、参见号、摄影者、时间、组题名、文字说明、文件格式、知悉范围等。

（1）全宗号：立档单位的代号，由上级单位统一编制并印发执行。

（2）部门：归档部门，采用部门全程或规范化简称，并保持一致和稳定。

（3）参见号：与本张照片有密切联系的其他载体档案的档号，如纸质档案的档号等。

（4）摄影者：照片的拍摄人及其工作单位。

（5）时间：数码照片拍摄时间。时间采用8位阿拉伯数字，依次为：年度4位，月和日各2位，不足两位的在前补"0"。

（6）组题名：本组照片所共同反映的主要内容。

（7）文字说明：本张照片的说明，包括事由、时间、地点、任务、背景等要素。对于有人物的照片，应标明主要人物的职务及其在照片中的位置，如×××省委书记×××（前排右三）。

（8）文件格式：本张照片的计算机文件类型，包括JPEG、TIFF或RAW。

（9）知悉范围：本张照片允许查看的人员范围。

（10）保管期限、年度、照片组号、张号说明见照片整理的"分类和排列"部分。

6.1.4.5　存储

（1）在线存储：在档案管理系统中建立数码照片档案门类，并对数码照片进行著录和挂接。

（2）离线存储：包括离线存储结构的确定和离线存储载体的选择。对于没有档案信息系统的单位推荐使用离线存储方式。

1）离线存储结构。数码照片档案可采用建立层级文件夹的形式进行存储，一般应在计算机硬盘非系统分区建立"数码照片档案"总文件夹，在总文件夹下依次按照不同年度、保管期限和照片组建立层级文件夹，并以年度、保管期限和照片组建立层级文件夹，并以年度、保管期限和照片组命名层级文件夹；照片较少的，可采用年度、保管期限代码命名层级文件夹。

2）离线存储载体。① 数码照片应存储在耐久性好的载体上，推荐采用一次写入型光盘作为数码照片档案长期保存的存储载体；② 离线存储载体一式三套，一套封存保管，另一套查阅利用，还有一套异地保存；③ 存储数码照片档案的光盘按照《档案数字化光盘标识规范》（DA/T 52—2014）进行标识。

6.1.4.6　保管

（1）在线存储的数码照片档案保管条件应符合《计算机场地通用规范》（GB/T 2887—2011）的要求。

（2）离线存储在磁性载体上的数码照片保管应符合《磁性载体档案管理与保护规范》（DA/T 15—1995）的要求。

（3）离线存储在光盘上的数码照片档案保管应符合《档案级可录类光盘 CD-R、DVD-R、DVD+R 技术要求和应用规范》（DA/T 38—2021）的要求。

（4）对存储数码照片档案的磁性载体每满 2 年、光盘每满 4 年进行一次抽样机读检验，抽样率不低于 10%，如发现问题应及时采取恢复措施。

（5）对存储在磁性载体上的数码照片档案，应每 4 年转存一次，原载体同时保留时间不少于 4 年。

6.1.4.7　数码照片冲印成纸质照片

纸质照片档案的整理、存储和保管按照《照片档案管理规范》（GB/T 11821—2002）执行，并形成"照片档案测内总说明"（见表 6-3，表格中斜体字为填写示例），"照片档案册内目录"（表 6-4，表格中斜体字为填写示例）、"照片档案册内标签"（见表 6-5，表格中斜体字为填写示例）、"册内备考表"（见表 6-6，表格中斜体字为填写示例）。

表 6-3　照片档案册内总说明

本册照片说明：*三峡 ××× 长江大保护项目 ××× 标段 ×× 工程照片*		
立册单位：*××× 项目公司*		
本册照片档案收录了三峡 ××× 长江大保护项目 ××× 标段 ×× 工程照片共 ×× 张。归档的照片影像清晰，画面完整，未加修饰剪裁，是基建过程的真实记录		
保管期限	*30 年*	册内照片共 *××* 张
自 20×× 年 × 月 × 日起至 20×× 年 × 月 × 日止		

表 6-4　照片档案册内目录

照片号	题名	时间	页号	互见号	备注
CYEE01-ZP2023-D30-0004-0001	三峡 ××× 长江大保护项目 ××× 标段 ×× 工程开工照片	20230103	2	CYEE01-GP2023-0003	

表 6-5　照片档案册内标签

题名：*三峡×××长江大保护项目×××标段××工程开工照片*	
照片号：*CYEE01-ZP2023-D30-0004-0001*	
互见号：*CYEE01-GP2023-0003*	
参见号：*CYEE01-HB02-0007-001*	
摄影者：*×××*	时间：*20230103*
文字说明：*2023年1月3日，×××标段××工程开工照片*	

表 6-6　册内备考表

本册情况说明：*册内共有×××工程照片××张，其对应的数码照片刻录光盘号为：CYEE01-GP2023-0003。*
（*其他需要说明的内容*）

立册人：*×××（手签名）*

立册时间：*20××年××月××日*

检查人：*×××（手签名）*

检查时间：*20××年××月××日*

6.1.5　注意事项

（1）各项目根据工作实际，可将数码照片打印成纸质照片进行异质备份。所备份的照片整理要求和方法按照《照片档案管理规范》（GB/T 11821）执行。

（2）保存数码照片的环境温度建议为 17~20℃；相对湿度为 34%~45%。

（3）保存数码照片的光盘应定期检查，发现问题及时解决，必要时要进行数据迁移。

6.2 录音、录像类电子档案管理

录音、录像类电子文件是国家机构、社会组织或个人在履行其法定职责过程中，通过计算机、数字化转换等电子设备形成、传输和存储的数字音频和数字音视频文件。录音、录像类电子文件由内容、结构、背景信息组成。录音、录像类电子档案是具有凭证、查考和保存价值并归档保存的录音、录像类电子文件。

6.2.1 归档范围

（1）长江大保护项目建设过程中，经摄录设备直接形成的反映原始地形地貌、重大事件（如开工典礼、领导视察、竣工仪式等）、重大活动、重要会议、各阶段质量监督检查、隐蔽工程、重要部位、关键工序、缺陷处理（施工缺陷、设备缺陷等）、工程质量、安全事故、宣传展示及其他具有保存价值的录音录像电子文件。

（2）以摄录设备直接形成的录音录像电子文件为素材，遵循活动时序与客观事实编辑制作的录音录像电子文件。

6.2.2 归档时间

（1）建设单位形成的反映项目建设的录音录像电子文件，自形成之日起 3 个月内（最迟不能超过次年 6 月），由形成部门及时整理并向本单位档案部门移交。

（2）各参建单位应及时收集、整理，在工程竣工后与纸质档案一起向建设单位移交。

6.2.3 归档要求

（1）录音录像电子文件应客观、系统地反映主题内容，画面完整、端正，声音和影像清晰、连续、完整。

（2）有多件录音录像电子文件或数字复制件反映相同场景或主题内容的，应挑选一件具有代表性和典型性的文件归档。

（3）录像电子文件应是音频、视频封装为一体的音视频文件。

（4）在保证录音录像电子文件真实性、完整性、可用性和安全性的基础上，应通过转码、复制等方式将录音录像电子文件采集、转存在计算机存储器中，经过系统整理、著录后再制作离线载体并归档。

（5）模拟录音录像文件按照《录音录像档案数字化规范》（DA/T 62—2017）进行

数字化转换，形成数字复制件、机读目录等，纳入录音录像电子文件管理，相应的录像带、一次写光盘等原始记录载体按照实物档案进行管理。

（6）应以通用或开放格式收集、存储并归档录音、录像电子文件。录音电子文件归档格式为 WAV、MP3、ACC 等，音频采样率不低于 44.1kHz，码率不低于 56 kbit/s，采样精度不低于 16bit/s；录像电子文件归档格式为 MPG、MP4、FLV、AVI 等，帧率不低于25，视频比特率不低于 8Mbit/s；珍贵的录像电子文件可收集、归档一套 MXF 格式文件。

（7）归档的录音、录像类电子文件应附加文字说明。录音类电子文件文字说明应包括：档号、讲话人姓名、职务、讲话内容、讲话时长、录制者、录制日期、密级、保管期限等；录像类电子文件文字说明应包括：档号、录像片的主要内容、放映时长、拍摄者、拍摄地点、摄制日期、密级、保管日期等。

（8）记录重大活动的录音、录像文件应与重大活动筹备、实施过程中形成的各种文字材料、重要实物等一并收集、归档，包括公文、活动日程、领导讲话、交流发言材料、名册、座次表、宣传册、活动标志、证件、礼品、纪念章、场馆设计图等。文字材料、重要实物等按照文书档案和实物档案有关要求进行整理、编目并归档保存。

6.2.4 归档方式

（1）录音、录像类电子文件可通过存储到符合要求的脱机载体上进行离线归档，也可通过档案管理系统在线归档。

（2）以离线方式归档的，应结合计算机文件大小、载体容量等因素适时制作离线归档载体，将应归档的录音、录像电子文件、机读目录等按原有存储结构复制到一次写光盘或专用移动硬盘，并对离线归档载体进行编号标识。

6.2.5 归档程序

（1）采用在线方式归档的，基于档案管理系统完成归档程序。

（2）以离线方式归档的，由交接双方借助专用计算机手工完成相关步骤：

1）清点、核实录音录像电子文件及其元数据数量、原始载体与机读目录数量、原始载体内记录或存储的录音录像文件与机读目录数量的一致性；清点、核实原始载体编号与标识、原始载体是否完好无损并可正常使用；清点、核实重大活动文字材料、重要实物的数量等。

2）鉴定、检测录音录像电子文件格式、元数据著录的规范性，确认录音、录像电子文件、机读目录、原始载体等是否感染计算机病毒。应参照《电子文件归档与电子档案管理规范》（GB/T 18894—2016）对录音、录像类电子文件进行真实、完整、可用和安全方面的鉴定、检测。

3）以离线方式归档的，完成清点、鉴定工作后，应将录音、录像电子文件及机读目录导入档案管理系统并挂接，建立录音、录像电子文件与元数据的一一对应关系。

4）由档案管理系统为录音、录像电子文件赋予唯一标识符，并在管理过程元数据中记录归档登记行为，并采集音频参数、视频参数、格式信息等结构元数据，生成固化信息。

（3）办理归档交接手续，填写"录音、录像类电子文件归档登记表"（见表6-7，表格中斜体字为填写示例）、"录音类电子文件移交清单"（见表6-8，表格中斜体字为填写示例）和"录像类电子文件移交清单"（见表6-9，表格中斜体字为填写示例），交接双方各留一份备查。

表 6-7　录音、录像类电子文件归档登记表

单位（部门）名称	×××公司（×××建设单位××部门）				
归档时间	*YYYYMMDD*		归档门类	○录音	○录像
归档数量	件数	×××	文件大小	×××MB	时间总长 ×× 分 ×× 秒
文件格式	*[WAVE、MP3 或 MPEG、MP4、FLV、AVI]*				
归档方式	*[在线归档 / 离线归档]*				
检验项目	检验结果				
载体外观检验	*外观良好，无划痕、无破损等现象*				
病毒检验	*经检查，无病毒*				
真实性检验	*是本工程的真实记录*				
可靠性检验	*来源可靠*				
完整性检验	*电子文件及其元数据能一一对应，数量准确且齐全、完整*				
可用性检验	*可读、可利用*				
技术方法与相关软件说明登记表、软件、说明资料检验	*[写明对技术方法与相关软件说明登记表、软件、说明资料检验的情况及结果]*				
文件形成单位（部门）（盖章） 经办人（签字）： 负责人（签字）： 　　年　　月　　日	档案部门（盖章） 经办人（签字）： 负责人（签字）： 　　年　　月　　日				

（附录音录像类电子文件移交清单共＿＿＿页）

表6-8 录音类电子文件移交清单

序号	题名	讲话人姓名及职务	讲话内容	时间长度	录制者及所在单位	录制日期	录制地点	文件大小	备注
1	×××公司总经理张××在×××项目开工典礼上的讲话	张××,×××公司总经理、党委委员	工程概况、施工进度计划、工程总动员等	××分××秒	×××(×××公司)	YYYYMMDD	×××工地	××MB	

表6-9 录像类电子文件移交清单

序号	题名	摄录者及所在单位	摄录日期	录制地点	时间长度	文件大小	备注
1	×××项目开工典礼	×××(×××公司)	YYYYMMDD	×××工地	××分××秒	××GB	

6.2.6 整理

（1）分类和排序。

同一全宗内的录音、录像类电子档案，按年度分类，按文件形成时间排序。

（2）档号结构。

录音、录像档案档号基本结构由全宗号、一级类目代号、二级类目代号、项目 / 场站代号、分类号、年度号和保管号组成，可根据需要添加自定义三级及以下类目代号，结合场站实际情况编制。档号结构示例如图 6-2 所示。

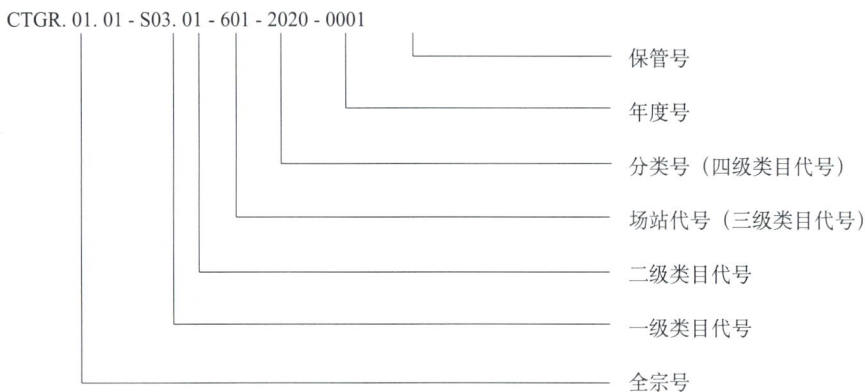

CTGR. 01. 01 - S03. 01 - 601 - 2020 - 0001

- 保管号
- 年度号
- 分类号（四级类目代号）
- 场站代号（三级类目代号）
- 二级类目代号
- 一级类目代号
- 全宗号

图 6-2　录音、录像档案档号结构示例

（3）命名。

1）整理过程中，应对录音、录像类电子档案进行重命名。

2）录音类电子档案采用"全宗号－录音档案代码和文件所属年度－件号.扩展名"格式命名。

①录音档案代码为"录音"2 位汉语拼音首字母"LY"标识，文件所属年度为 4 位阿拉伯数字。

②件号：为 4 位阿拉伯数字，同一年度内的录音类电子文件从"0001"开始顺序编号。示例：2023 年某公司长江大保护项目开工典礼的一段录音为本年度第一个录音类电子文件，若存储格式为 WAV，则该录音电子文件名应为：全宗号 -LY2023-0001. wav。

3）录像类电子档案采用"全宗号－录像档案代码和文件所属年度－件号.扩展名"格式命名。

①录像档案代码为"录像"2 位汉语拼音首字母"LX"标识，文件所属年度为 4 位阿拉伯数字。

②件号：为 4 位阿拉伯数字，同一年度内的录像类电子文件从"0001"开始顺序编号。示例：2023 年某公司长江大保护项目开工典礼的一段录像为本年度第一个录像类电子文件，若存储格式为 AVI，则该录像电子文件名应为：全宗号 -LX2023-0001.avi。

6.2.7　著录

建设单位应建立录音、录像类电子档案门类，元数据著录应至少包括以下项目：全宗号、档案门类代码、年度、件号、题名、摄录者、摄录日期、时间长度、保管期限、密级、电子文件大小、格式名称、参见号等。

（1）全宗号：立档单位的代号，由上级主管单位统一编制并印发执行。

（2）档案门类代码：录音、录像电子文件的档案门类代码，录音 ——LY，录像——LX。

（3）年度：录音、录像文件形成年度。

（4）题名：录音、录像类电子档案记录的主要内容，包括时间、地点、业务活动、主要人物等。

（5）生成方式：录音、录像类电子档案比特流首次形成的方式，如原生、编辑、数字化。

（6）摄录者：录制者或拍摄者及其工作单位名称。

（7）编辑者：在尊重客观事实基础上对录音、录像类电子档案进行剪辑、非线性编辑的责任人及其工作单位。

（8）摄录日期：录制或拍摄日期，著录格式为 yyyymmdd，如 20230101。

（9）编辑时间：对录音、录像类电子档案进行剪辑或非线性编辑的时间。

（10）数字化时间：对录音、录像档案进行数字化转换的时间。

（11）时间长度：录音、录像文件持续时间的数量，以时、分、秒为计量单位，著录格式为 hh：mm：ss。

（12）电子文件大小：录音、录像电子文件或模拟录音、录像文件数字复制件的字节数。

（13）格式名称：录音、录像类电子档案编码格式的一组描述信息，如 WAV、MP3、AVI 等。

（14）保管期限：保管期限的代码。录音、录像文件保管期限分为永久、定期 30 年或 10 年，以代码 Y、D30、D10 标识。

（15）密级：录音录像类电子档案的保密等级。

（16）原始载体编号：记录或存储录音录像文件的原始载体编号。

（17）参见号：与录音、录像文件密切关联的其他载体或门类文件材料的唯一编号。

（18）著录者：对录音、录像文件进行著录的责任人及其工作单位名称。

（19）工作活动名称：工作活动、重要会议、重大事件等的名称。

（20）起始时间：工作活动的开始日期。

（21）结束时间：工作活动的结束日期。

6.2.8　录音（录像）类电子档案目录

录音、录像类电子文件应形成"录音（录像）类电子档案目录"，见表 6-10（斜体字为填写示例）。

表 6-10　录音（录像）类电子档案目录

序号	档号	题名	摄录者及所在单位	摄录日期	时间长度	文件大小	保管期限
1	*HBNY.05-LY2023-0007*	*××公司总经理××发表开工讲话*	*×××（×××公司）*	*20230106*	*00：01：19*	*×××MB*	*永久*

6.2.9　存储

（1）在线存储。

在线存储应在档案管理系统中建立录音、录像类电子档案门类，并对录音、录像类电子档案进行著录和挂接。

（2）离线存储。

离线存储需要确定离线存储结构和选择离线存储载体。对于没有档案信息系统的单位推荐使用离线存储方式。

1）离线存储结构。录音、录像类电子档案可采用建立层级文件夹的形式进行存储。

一般应在计算机硬盘非系统分区建立"录音、录像类电子档案"总文件夹，在总文件夹下依次按不同年度、录音（录像）类电子档案建立层级文件夹，并以年度、录音（录像）类电子档案命名层级文件夹。

示例：某公司录音录像类电子档案统一存放在档案室计算机硬盘的非系统分区 D 盘根目录下，2023 年该公司长江大保护项目开工典礼的录音录像类电子档案为 2023 年产生的第一个录音录像类电子档案，该录音、录像类电子档案的存放路径如下：

①录音类电子档案：

D：\ 录音录像类电子档案 \ 录音类电子档案 \2023\

②录像类电子档案：

D：\ 录音录像类电子档案 \ 录像类电子档案 \2023\

2）离线存储载体。

①录音、录像类电子档案应存储在耐久性好的载体上，推荐采用一次写入型光盘作为长期保存的存储载体。

②离线存储载体一式 3 套，一套封存保管，另一套供查阅利用，还有一套异地保存。

③存储录音、录像类电子档案的光盘，按照《档案数字化光盘标识规范》（DA/T 52）进行标识。

6.2.10　保管

（1）在线存储的录音、录像类电子档案保管条件应符合《计算机场地通用规范》（GB/T 2887）的要求。

（2）离线存储在磁性载体上的录音、录像类电子档案保管应符合《磁性载体档案管理与保护规范》（DA/T 15）的要求。

（3）离线存储在光盘上的录音、录像类电子档案保管应符合《档案级可录类光盘 CD-R、DVD-R、DVD+R 技术要求和应用规范》（DA/T 38）的要求。

（4）对存储录音、录像类电子档案的磁性载体每满 2 年、光盘每满 4 年进行一次抽样机读检验，抽样率不低于 10%，如发现问题应及时采取恢复措施。

（5）对存储在磁性载体上的录音、录像类电子档案，应每 4 年转存一次，原载体同时保留时间不少于 4 年。

6.2.11　转换与迁移

当出现在线存储系统需更新换代、经检测离线存储载体达到或超过三级预警线、录音、录像电子档案格式即将淘汰等情况时，应按照《电子文件归档与电子档案管理规范》（GB/T 18894）要求，对录音录像电子档案、模拟录音录像档案数字复制件或存储载体实施转换或迁移。

6.3 实物档案管理

实物档案即具有档案属性的实物通过收集整理而转化成的档案。

6.3.1 归档范围

（1）项目建设过程中获得的各种奖状、奖杯、奖牌、奖旗、锦旗、证书等。

（2）建设单位因机构变更、撤销、合并而废止的旧印章；因磨损等原因重新刻制而替换的旧印章。

（3）在项目建设的可研阶段、重要工程建设阶段、第一批生产的、阶段生产和重要节点产生的样品、产品、模型等。

（4）在国内外交往、交流等公务活动中获赠的与建设项目相关的重要纪念品；建设单位组织的各种重大活动中形成的纪念品、使用过的牌匾等。

（5）上级领导、知名人士、有关单位赠送给建设单位的题词、字画、工艺品、锦旗等。

（6）其他有凭证、纪念、研究价值，且文字材料无法替代的具有保存价值的实物。

6.3.2 归档要求

（1）应归档的实物一般自形成之日或职能部门接收后3个月内向档案管理部门移交归档。

（2）归档的实物应保持整洁、完好无损。任何部门或个人不得随意将归档实物私存或转送他人。

（3）归档的实物应当拍照，拍照质量应符合《数码照片归档与管理规范》（DA/T 50）要求，并在档案管理系统中进行挂接，或制作实物档案照片索引形成检索工具，建立照片与实物之间准确、可靠的标识关系。

（4）实物档案移交时，交接双方应办理移交接收手续，填写"实物档案移交接收登记表"（见表6-11，表格中斜体字为填写示例）。重要实物档案或不能直接反映归档内容的，移交人应在备注中说明。

表 6-11　实物档案移交接收登记表

序号	载体名称	责任者	题名	日期	数量	移交单位（部门）	移交人	移交日期	接收人	备注
1	奖牌	×××公司	×××管网项目×××获电力行业科技成果一等奖	20230417	1	×××公司工程部	张××	20230430	王××	

6.3.3　整理

（1）分类。

归档实物可按实物形成年度、数量、种类等进行分类。同一全宗内实物档案应保持分类一致性和稳定性。

1）凡单位形成实物数量较少的，可按年度分开。

2）凡单位每年度形成实物数量和种类较多的，可采用年度、载体名称分类法。

（2）编号。

1）实物档案以件（套）为单位进行编号。

2）实物档案档号结构为：全宗号－实物档案代码及内容指向年度－载体名称代码－件号。

示例：全宗号－SW2023-JP-0001。

①全宗号：立档单位的代号，由上级主管单位统一编制并印发执行。

②实物档案代码及内容指向年度：用"实物"汉语拼音首字母"SW"标识，年度采用四位阿拉伯数字。

③载体名称代码：取载体名称规范化简称的 2 位汉语拼音首字母标识，如：奖牌——JP，奖状——JZ，奖杯——JB，奖旗——JQ，证书——ZS，印章——YZ，探伤底片——TS，模型——MX，题词——TC，字画——ZH，其他——QT 等，重名可增加一

位字母或字母加数字组合。

探伤底片可按照工件或焊口编号进行装袋，以"袋"为单位进行实物档案整理、编目。

实物档案未按照载体名称分类的，可省略载体名称代码。

④件号：归档实物在分类方案的最低一级类目内的排列顺序号，一般用 4 位阿拉伯数字标识，不足 4 位的，前面用"0"补足，如"0001"。不同立档单位、年度的实物档案不能连续编号。

（3）归档章。

归档实物可根据档号格式确定归档章内容，归档章粘贴在不影响实物品相的合适位置。立体型实物粘贴于底座，平面型实物粘贴于实物左上角。

实物档案归档章示例如图 6-3 所示，图中斜体字为填写示例。

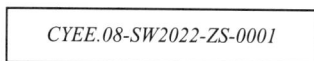

CYEE.08-SW2022-ZS-0001

图 6-3　实物档案归档章示例

（4）拍照。

各部门（单位）将实物档案拍照备查。

1）应使用数码成像设备拍摄实物档案。

2）每件实物拍摄一张数码照片，拍摄角度选择以尽量展现实物原貌为原则。

3）拍摄像素不低于 200 万，亮度、对比度应适中。

4）数码照片应存储为 JPEG 格式，并以"立档单位代号 - 年度 - 件号"方式命名。

6.3.4　编目

（1）归档实物应根据档号顺序编制目录，主要包括序号、档号、载体名称、题名、责任者、日期、数量、保管期限、存放地点、互见号、备注等项目。

1）序号：实物档案的流水号。

2）档号：依据分类方案编制的代码。

3）题名：著录要完整准确，题名不能反映实物主要内容、不便于检索的，应根据实物档案反映的内容，综合运用时间、级别、事由、授予者、实物名称等要素拟写；重新拟写的题名外加［　］。

4）责任者：填写形成、颁发、授予、赠送实物的单位或个人。

5）日期：填写实物落款日期，无落款日期的，填写相应的文件发文日期。无法考证日期的可填写归档日期，用 8 位阿拉伯数字标识，如："20230201"，并在备注栏中说明。

6）保管期限：根据实物档案的重要程度，将保管期限分为永久和定期（30 年、10年），以代码 Y、D30、D10 标识。

7）存放地点：填写实物档案存放的档案库房或暂存的具体地点。

8）互见号：填写反映同一内容不同载体档案的档号。备注：可根据实际填写需注明的情况。

（2）制作照片索引。档案归口管理部门在审核、完善各部门（单位）提交的实物档案著录条目后，统一制作实物照片索引，并形成实物档案总目录。照片索引与总目录应制作一式两份，一份由归档单位保管，另一份留档案归口管理部门备查。

（3）实物档案目录（见表 6-12，斜体字为填写示例）应打印装订成册。

表 6-12　实物档案目录

序号	档号	载体名称	题名	责任者	日期	数量	保管期限	存放地点	互见号	备注
1	*HBNY.02-SW2022-ZS-0001*	*证书*	*×××管网项目获××行业科技成果二等奖*	*[颁奖单位]*	*20221215*	*1*	*30 年*	特殊载体档案库房	*[证书应扫描，填写证书扫描的电子文件档号]*	

6.3.5　排列

归档实物可按分类方案进行排列，同一全宗内实物档案排列方式应保持一致。

6.3.6　保管

（1）实物档案应专库或专柜保管。对珍贵的实物档案，必要时采取安全措施单独保管；具有陈列价值的实物档案，办理借用手续后可进行陈列，陈列期间实物档案的保管由陈列部门负责。

（2）存放实物档案的库房和柜架应保持整洁，定期除尘，避免实物档案褪色。易虫蛀、易锈蚀的实物档案要做好防虫、防锈蚀的技术保护，确保实物档案完好无损。

6.3.7　利用

实物档案原件一般不外借，因特殊需要的，应按照档案借阅利用管理办法，办理借用手续。利用珍贵的或不易搬动的实物档案，可提供实物档案照片进行利用。

6.4　光盘档案管理

光盘是指用激光扫描记录和读出方式保存信息的一种介质。光盘从功能上分为只读光盘、可录类光盘和可重写光盘。档案级光盘是指耐久性达到特定要求和各项技术指标优于工业标准的可记录光盘。档案级光盘的归档寿命大于 20 年。

6.4.1　归档光盘档号编制

参照《档案数字化光盘标识规范》（DA/T 52—2014），光盘档案档号结构可为：全宗号 – 光盘档案代码和年度 – 光盘序号，如图 6-4 所示。

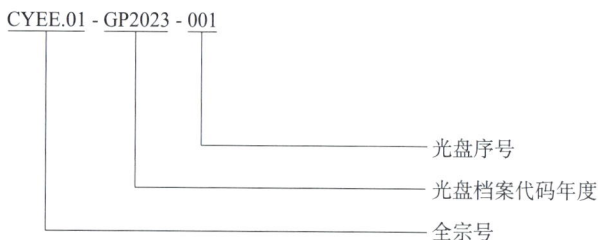

CYEE.01 - GP2023 - 001

- 光盘序号
- 光盘档案代码年度
- 全宗号

图 6-4　光盘档案档号结构示例

光盘档案代码：用"光盘"两位汉语拼音首字母"GP"标识。

6.4.2　归档光盘套数

归档光盘一式三套，套号用大写英文字母"A""B""C"表示，"A"表示封存保管，"B"表示查阅利用，"C"表示异地保存。

6.4.3　归档光盘的标识

6.4.3.1　盘盒纸标识内容

（1）封面标识。

封面标识包括光盘编号、套号、全宗名称、内容摘要、保管期限、密级与保密期限、档案级光盘。

1）内容摘要：填写对档案信息内容的简要说明，标明光盘存储内容所对应的全宗号、目录号、起止卷号及起止时间。

2）保管期限：填写存储在光盘内档案的保管期限。

3）密级与保密期限：填写存储在光盘内档案的最高密级与最长保密期限。

4）档案级光盘：填写"是"或"否"。

光盘盘盒纸封面标识见表6-13（表格中斜体字为填写示例）。

表6-13　光盘盘盒纸封面标识

光盘编号	*C0801-GP2019-001*		套号	A
全宗名称：*三峡集团×××公司*				
内容摘要：*本光盘备份的是三峡集团×××环保项目×××公司×××工程档案。档号自 HBE03-GW07-1000-832-009-014，HBE03-KJF07-1000-840-001~037，HBE03-GW07-1001-841-001 至 HBE03-GW07-1056-841-003，共 7563 个 PDF，4.05GB*				
保管期限	*30年*	密级与保密期限	—	档案级光盘	*是*

（2）封底标识。

封底标识包括文件格式、类型及容量、运行环境、制作单位、制作日期、复制单位、复制日期、备注。

1）文件格式：填写光盘内容各种文件的存储格式。示例：PDF、DOC、XLS、RTF、AVI、TXT、JPEG、MPEG、MP3 等。

2）类型及容量：填写光盘载体的类型及存储数据的容量。

示例：CD-R、620MB；DVD-R、4.2GB 等。

3）运行环境：填写识别或操作档案光盘的软、硬件系统。

4）制作单位：填写制作光盘内容的立档单位。

5）制作日期：填写制作光盘的年、月、日。示例：20230401。

6）复制单位：填写复制光盘的单位。

7）复制日期：填写复制光盘的年、月、日。示例：20230531。

8）备注：填写特殊情况的说明。

光盘盒纸封底标识见图6-5（图中斜体字为填写示例）。

光盘背景信息					
光盘编号：CYEE01-GP2022-004	文件格式	PDF	类型及容量	DVD-R7.21GB	光盘编号：CYEE01-GP2022-004
	运行环境	Window10，Adobe Reader			
	制作单位	××有限公司	制作日期	20221225	
	复制单位		复制日期		
	备注				

图6-5　光盘盘盒纸封底标识

（3）盘脊标识。

盘脊标识：光盘编号（填写式样见表6-14，表中斜体字为填写示例）。

表6-14　光盘档案目录

序号	档号	内容摘要	制作单位	制作日期	保管期限	文件格式	光盘类型及容量	套数	互见号	备注
1	CYEE.01-GP2023-002	三峡××项目管网工程竣工文件	××项目公司	20230301	永久	PDF	CD-R、7.72GB	3		

6.4.3.2　盘面标识内容

盘面标识内容包括光盘编号、套号、类型及容量、制作单位、制作日期、复制单位、复制日期。

光盘盘面标识示例如图 6-6 所示（图中斜体字为填写示例）。

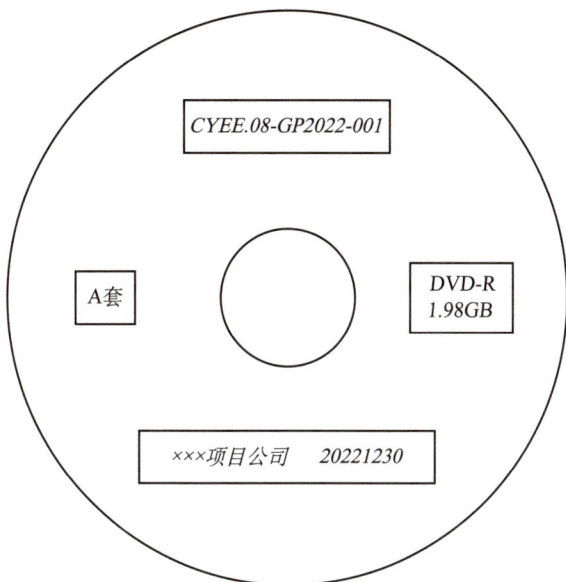

图 6-6　光盘盘面标识示例

6.4.3.3　填写要求

（1）盘盒纸标识：可书写型油墨印刷或可打印型油墨，也可使用毛笔或碳素、蓝黑色墨水钢笔填写，填写时字迹要工整。

（2）光盘盘面：填写时应使用符合档案保护要求的书写材料，光盘盘面禁止使用粘贴标签。

（3）打印：若通过光盘打印的方法制作光盘盘面，应使用支持光盘盘面的打印机，在计算机上排版和操作打印机。

6.4.4　归档光盘的保存

（1）光盘应放在光盘盒内，垂直置于光盘架内存放。

（2）禁止将光盘放置在高温、高湿环境或温度、湿度迅变的环境中，禁止将光盘长时间暴露在日光或紫外光下。

（3）光盘应置于洁净度较高的环境中。

（4）防止光盘的机械碰撞和挤压变形。

6.4.5　归档光盘的使用

（1）在准备刻录光盘前才拆除串轴盒或光盘盒外的塑封包装。

（2）不应使用刻录机读取光盘。

（3）手拿光盘时，用两个手指捏住光盘的中心孔和外缘，不应用手弯曲光盘。

（4）如果需要在标签面书写，应使用内含水性墨水的软笔，不应使用粘贴标签。

（5）使用后立即将光盘放回光盘盒。

6.4.6　归档光盘的维护

（1）擦拭光盘去除灰尘、异物、污斑、指纹和液体，应使用干净的棉布从光盘的中心沿半径方向朝光盘的外缘擦拭，不应沿光盘的圆周方向擦拭光盘。

（2）使用蒸馏水或去离子水清洁光盘，对实在难以清洁的，可使用稀释的异丙醇。用无绒布或擦镜纸做湿的擦洗和拭干。

第7章
项目档案信息化建设

本章主要介绍项目档案信息化建设有关内容，包括项目电子文件归档、项目电子档案管理、项目档案的数字化、城市管网数据的收集与归档，以及三峡集团在项目档案信息化建设方面的实践案例。

7.1 项目电子文件归档

项目电子文件是指在数字设备及环境生成，以数码形式存储于光盘、硬盘、磁带等载体，依赖计算机等数字设备阅读、处理，记录和反映项目建设和运营各项活动的文件。项目电子档案是指建设项目建设过程中产生的、具有保存价值并归档保存的一组有联系的电子文件及其相关过程信息的集合。

7.1.1 职责与分工

项目电子文件归档和电子档案管理应当遵循项目建设和信息系统运行的规律，坚持统一管理、全程管理、规范标准、便于利用、安全保密的管理原则。项目电子文件归档和电子档案管理应建立严格的管理制度，明确相关部门电子文件归档和电子档案管理的职责与分工。项目电子文件归档和电子档案管理的具体内容包括：

（1）档案部门负责制定电子文件归档与电子档案管理制度，提出业务系统电子文件归档功能要求，负责电子档案管理系统的建设与应用培训；负责指导电子文件形成或办理部门按归档要求管理应归档电子文件；负责电子文件归档和电子档案编目、管理和处置等各项工作。

（2）电子文件形成或办理部门负责电子文件的收集、整理、著录和移交归档等工作。

（3）信息化部门负责依据标准建设业务系统电子文件归档功能，参与电子档案管理系统建设，为电子档案管理提供信息化支持。

（4）保密部门负责监督涉密电子文件归档和电子档案的保密管理。

7.1.2 项目电子文件归档范围

长江大保护项目电子文件归档包括电子文件及其元数据归档。

7.1.2.1 长江大保护项目电子文件归档范围参见附录 B。

7.1.2.2 电子文件元数据归档范围

（1）电子文件及其元数据一并收集、归档。

（2）电子文件应归档元数据至少应包括：

1）题名、文件编号、责任者、日期、机构或问题、保管期限、密级、格式信息、计算机文件名、计算机文件大小、文档创建程序等文件实体元数据。

2）记录有关电子文件拟制、办理活动的业务行为、行为时间和机构人员名称等元数据。如收文发文包括：发文的起草、审核、签发、复核、登记、用印、核发等，收文的签收、登记、初审、承办、传阅、催办、答复等。如果采用业务系统产生施工、监理等文件，参照此条执行。

3）声像类电子文件应归档元数据包括题名、摄影者、录音者、摄像者、人物、地点、业务活动描述、密级、计算机文件名等。

7.1.3 项目电子文件的收集与整理

7.1.3.1 项目电子文件及其元数据的收集

（1）应在业务系统电子文件拟制，办理过程中完成电子文件的收集。声像类电子文件，在单台计算机中经办公、绘图等应用软件形成的电子文件的收集，由电子文件形成部门基于电子档案管理系统或手工完成。

（2）应齐全、完整地收集电子文件及其组件，电子文件内容信息应与其形成时保持一致。

（3）业务系统应在电子文件拟制、办理过程中采集电子文件元数据。

（4）在档案管理系统中，著录、采集经办公、绘图等应用软件形成的各门类电子文件元数据，以及声像类电子文件元数据。

7.1.3.2　项目电子文件的整理

（1）应在电子文件拟制、办理或收集过程中完成保管期限鉴定、分类、排序、命名、存储等整理活动。

（2）应以件为管理单位整理电子文件，也可根据实际以卷为管理单位进行整理；整理活动应保持电子文件内在的有机联系，建立电子文件与元数据的关联。

（3）应基于业务系统完成电子文件、纸质文件的整理，声像类电子文件的整理由电子文件形成部门基于电子档案管理系统或手工完成。

（4）项目电子文件分类按照附录执行，保管期限分为永久、30 年和 10 年。

（5）应在分类方案下按照业务活动、形成时间等关键字，对电子文件元数据、纸质文件目录数据进行同步排序，排序结果应能保持电子文件、纸质文件之间的有机联系。

（6）应按规则命名电子文件，命名规则应能保持电子文件及其组件的内在有机联系与排列顺序，能通过计算机文件名元数据建立电子文件与相应元数据的关联。

（7）可参照分类方案在计算机存储器中建立文件夹，集中存储电子文件及其组件，完成整理活动。

（8）项目档案应基于数字档案馆系统完成项目档案系统整理。已实现单套制归档的业务系统直接推送数字档案馆系统归档，不再打印纸质档案归档；线下形成的纸质原件应在完成档案数字化后，批量导入数字档案馆系统；单套制归档的电子文件和档案数字化副本共同构成一套完整的电子项目档案，电子项目档案的编号、排列、组卷等按照有关要求执行。

7.1.4　项目电子文件归档

7.1.4.1　项目电子文件归档程序与要求

（1）电子文件形成或办理部门、档案部门可在归档过程中基于业务系统、电子档案管理系统完成电子文件及其元数据的清点、鉴定、登记、归档等主要归档程序。

（2）应清点、核实电子文件的门类、形成年度、保管期限、件数及其元数据数量等。

（3）应对电子文件的真实性、完整性、可用性和安全性进行鉴定，鉴定合格率应达到 100%，包括：电子文件及其元数据的形成、收集和归档符合制度要求；电子文件及其元数据能一一对应，数量准确且齐全、完整；电子文件与元数据格式符合要求；以专有格式归档的，其专用软件、技术资料等齐全、完整；加密电子文件已解密；电子文件及其元数据经安全网络或专用离线存储介质传输、移交；电子文件无病毒，电子文件离线存储介质无病毒、无损伤、可正常使用。

（4）档案管理机构应将清点、鉴定合格的电子文件及其元数据导入电子档案管理系统预归档库，自动采集电子文件结构元数据，通过计算机文件名建立电子文件与元数据的关联，在管理过程元数据中记录登记行为，登记归档电子文件。

（5）应依据清点、鉴定结果，按批次或归档年度填写电子文件归档登记表（见表7-1，表格中斜体字为填写示例），完成电子文件的归档。

表7-1　电子文件归档登记表

单位（部门）名称	×××公司（×××建设单位××部门）
归档时间	归档电子文件门类
归档电子文件数量	卷　件　张
归档方式	［在线归档/离线归档］
检验项目	检验结果
载体外观检验	外观良好，无划痕、无破损等现象
病毒检验	经检查，无病毒
真实性检验	移交归档的电子文件是本工程的真实记录
可靠性检验	来源可靠
完整性检验	电子文件及其元数据能一对应，数量准确且齐全、完整
可用性检验	可读、可利用
技术方法与相关软件说明登记表、软件、说明资料检验	［写明对技术方法与相关软件说明、登记表、软件、说明资料检验的情况及结果］

电子文件形成或办理部门（盖章）：　　　　档案部门（盖章）：

负责人（签字）：　　　　　　　　　　　　负责人（签字）：

年　月　日　　　　　　　　　　　　　　　年　月　日

注：数码照片、录音录像类电子档案移交按"数码照片归档登记表"和"录音录像类电子文件归档登记表"及其移交清单执行，其他电子文件按此表执行。

7.1.4.2　电子文件归档时间与归档方式

（1）业务系统形成的电子文件宜实时通过数字档案馆归档。除合同或协议中另有约定外，各参建单位应当在项目通过完工验收后3个月内，通过数字档案馆系统将项目电子文件向建设单位归档；建设单位应当在项目竣工验收后3个月内，通过数字档案馆系统向运营单位移交项目电子档案。

（2）应基于安全的网络环境或专用离线存储介质，采用在线归档或离线归档方式，通过电子档案管理系统客户端或归档接口完成电子文件及其元数据的归档。

7.1.4.3　电子文件归档格式

（1）归档电子文件采用的电子签名等技术手段应当符合国家相关法律、法规和标准要求。

（2）电子文件归档格式应具备格式开放、不绑定软硬件、显示一致性、可转换、易于利用等性能。

（3）电子文件应以通用格式形成、收集并归档，或在归档前转换为通用格式；版式文件格式，可采用 PDF、PDF/A、OFD 格式。

（4）以文本、位图文件形成的电子文件应按以下要求归档：电子公文正本、定稿、公文处理单应以版式文件格式，其他电子文件、电子文件组件可以版式文件、RTF、WPS、DOCX、JPG、TIFF、PNG 等通用格式归档，或电子文件及其组件按顺序合并转换为一个版式文件。

（5）照片类电子文件以 JPEG、TIFF 等格式归档；录音类电子文件以 WAV、MP3 等格式归档；录像类电子文件以 MPG、MP4、FLV、AVI 等格式归档；珍贵且需永久保存的可收集、归档一套 MXF 格式文件。

（6）专用软件生成的电子文件原则上应转换成通用格式归档，移交时应将转换前、后两种格式的电子文件一并归档。

7.1.4.4　电子文件元数据归档格式

（1）应根据电子文件归档接口以及元数据形成情况确定电子文件元数据归档格式，可以 ET、XLS、DBF、XML 等任一格式归档。

（2）声像类电子文件元数据、在单台计算机中经办公、绘图等应用软件形成的电子文件，可以 ET、XLS、DBF 等格式归档。

7.1.4.5　电子文件格式

应符合《建设工程文件归档规范》（GB/T 50328）规定，电子文件归档格式表见表 7-2。

表 7-2　电子文件归档格式表

文件类别	格式
文本（表格）文件	OFD，DOC，DOCX，XLS，XLSX，PDF/A，XML，TXT，RTF
图像文件	JPEG，TIFF
图形文件	DWG，PDF/A，SVG
视频文件	AVS，AVI，MPEG2，MPEG4

文件类别	格式
音频文件	AVS，WAV，AIF，MID，MP3
数据库文件	SQL，DDL，DBF，MDB，ORA
虚拟现实/3D 图像文件	WRL3，DSV，RML，X3D，IFC，RVT，DGN
地理信息数据文件	DXF，SHP，SDB

7.1.5　电子档案的编目

（1）应对电子档案与纸质档案进行同步整理审核、编制档号等编目活动。

（2）应采用文件级档号或唯一标识符作为要素为电子档案及其组件重命名，同时更新相应的计算机文件名元数据。

（3）完成整理编目后，应将电子档案及其元数据、纸质档案目录数据归入电子档案管理系统正式库，可参照分类方案在计算机存储器中建立文件夹集中存储电子文件及其组件，完成整理活动。

7.2　项目电子档案管理

建设单位统一应用数字档案馆系统，开展接收登记、分类组织、鉴定处置、权限控制、检索利用、安全备份、统计打印、移交输出等项目电子档案管理工作。

7.2.1　电子档案的存储

数字档案馆系统应配置与项目电子档案管理系统相适应的在线存储设备，实现电子档案及其元数据的安全存储。

7.2.2　电子档案的备份

（1）统筹制定电子档案备份方案和策略，实施电子档案及其元数据、电子档案管理系统及其配置数据、日志数据等备份管理。

（2）应结合单位电子档案管理和信息化建设实际，实施电子档案近线备份与灾难备份。

（3）电子档案离线备份应采用一次写光盘、磁带、硬磁盘等离线存储介质，可根据异地备份、电子档案珍贵程度和日常应用需要等实际情况，制作相应的套数，并在装具上标识套别。

（4）离线存储介质应做防写处理；避免擦、划、触摸记录涂层；应装盒，竖立存放或平放，避免挤压；应远离强磁场、强热源，并与有害气体隔离等。

7.2.3　电子档案的利用

（1）应根据工作岗位、职责等要求在电子档案管理系统为利用者设置相应的电子档案利用权限。利用者应在权限允许范围内检索、浏览、复制、下载电子档案、电子档案组件及其元数据。

（2）电子档案及其元数据的离线存储介质不得外借，其使用应在档案部门的监控范围内。

（3）对电子档案采用在线方式提供利用时，应遵守国家有关信息安全的相关规定，从技术和管理两方面采取严格的管理措施。

（4）电子档案的提供利用应严格遵守国家相关保密规定。

7.2.4　电子档案的统计

（1）可按档案门类、年度、保管期限、卷数、件数、移交、电子档案容量等要素，对室藏电子档案数量等情况进行统计。

（2）可按年度、档案门类、保管期限、卷数、件数、利用人次、利用目的、复制、下载等要素对电子档案利用情况进行统计。

（3）根据工作需要对电子档案进行的其他相关统计。

7.3　项目档案的数字化

建设单位应根据国家、行业有关要求，立足建设项目应用需要，组织实施建设项目档案数字化。档案数字化是指利用扫描仪、照相机、计算机等设备和技术，对纸质、模拟录音、录像、实物等传统载体档案等进行数字化加工，将其转化为存储在磁带、磁盘、光盘等载体上的数字图像、录音、录像文件，并按照内在联系，建立起目录数据与之关联关系的处理过程。项目档案数字化是指对建设项目档案进行数字化加工处理并建立目录数据与数字化成果关联关系的处理过程。

应根据档案的珍贵程度、开放程度、利用率、亟待抢救程度、数字化资金情况等因素统筹规划、科学开展档案数字化工作。数字化加工过程中应采取有效的管理和技术手段，真实反映档案内容，确保档案数字化成果的质量，最大限度地展现档案原貌。

7.3.1　组织与管理

（1）应对档案数字化工作进行统筹规划、组织实施、协调管理，加强安全保障、技术保障、监督检查、成果验收等，确保数字化工作的顺利开展。

（2）应配备具有相应能力的工作人员，通过科学规范的管理制度，对数字化加工人员进行规范管理，对外聘工作人员进行严格审核。

（3）应配备专用的档案数字化加工场地，并进行合理布局；配置设施设备，满足档案数字化工作的需要。

（4）数字化加工场地的选择及温湿度等环境的控制应有利于档案实体的保护。场地内应配备可覆盖全部场地的防火、防水、防有害生物、防盗报警、视频监控等安全管理的设施设备。

7.3.2　基本环节

7.3.2.1　办理档案出入库手续

档案管理人员应制定档案数字化工作方案，确定数字化对象，分别填写"纸质档案数字化交接登记表"（见表7-3）和"实物档案数字化交接登记表"（见表7-4），经档案部门负责人批准后，按照规定办理档案出入库手续（注意：建设项目中形成的数码照片、录音录像类电子档案为原生电子文件，不需要数字化加工）。

表 7-3　纸质档案数字化交接登记表

出库时间	批次	档号	件数	页数	出库人	数字化接收人	入库时间	入库检查人	备注

表 7-4　实物档案数字化交接登记表

出库时间	批次	档号（起止）	件数	数字化方式	出库人	数字化接收人	入库时间	入库检查人	备注

7.3.2.2　档案数字化基本环节

档案数字化的基本环节主要包括：数字化前处理、目录数据库建立、档案扫描或信息采集、图像或音视频处理、数据挂接、数字化成果验收与移交等。

7.3.2.3　档案入库手续

档案数字化工作完成后，按照档案入库相关要求，对调取并进行数字化处理的出库档案进行处理和清点，并履行档案入库手续。

7.3.3　纸质档案数字化流程

7.3.3.1　数字化前处理

（1）确定扫描页。原则上应将确定为数字化对象的纸质档案全部扫描，不宜进行挑扫。如有不需要扫描的页面应加以标注。

（2）编制页号。

1）应对没有页号或页号不正确的档案重新编制页号。

2）重新编制页号时，应在统一位置书写页号，且不压盖档案内容。

3）书写页号所使用的笔、墨等不应破坏档案原件或对档案长期保存造成影响。

4）应将破损页面、缺页等特殊情况进行登记。

（3）目录数据准备。

1）按照目录数据库建立时制定的数据规则，对照档案原件内容，规范档案中的目录内容。

2）对需在目录数据库中进行标记的情况进行标记。

（4）拆除装订。

应以对纸质档案的保护为原则确定是否拆除装订；如需拆除装订物，应注意保护档案不受损害，并对排列顺序不准确的档案进行重排；特殊装订且拆除装订后需恢复的档案，在拆除装订物时应采用拍照等方式记录档案原貌，以便于恢复。

（5）技术修复。

1）破损严重或其他无法直接进行扫描的纸质档案，应先由专业技术人员进行技术修复。

2）折皱不平影响扫描质量的纸质档案应先进行压平等相应技术处理。

7.3.3.2　目录数据库建立

（1）目录数据库数据规则的制定应符合《档案著录规则》（DA/T 18—2022）要求。

（2）数据库选择应考虑可转换为通用数据格式，以便于数据交换。

（3）数据库结构的设计应特别注意保持档案的内在联系，有利于纸质档案数字化成果的管理和利用。

（4）将纸质档案数字化前处理工作中对纸质档案目录进行修改、补充的结果录入数据库，形成准确、完整的目录数据。

（5）可采用计算机自动校对与人工校对相结合的方式，对目录数据的质量进行检查，包括著录项目的完整性、著录内容的规范性和准确性等，发现不合格的数据应及时进行修改。

7.3.3.3　档案扫描

（1）基本要求。

档案扫描的基本要求为档案扫描应根据纸质档案原件实际情况、数字化目的、数字化规模、计算机网络和存储条件等选择相应的扫描设备和进行相关参数的设置和调整；参数的设置和调整应保证扫描后数字图像清晰、完整、不失真，图像效果最接近档案原貌。

（2）扫描设备。

1）扫描设备的选择应特别注意对档案实体的保护，尽量采用对档案实体破坏性小的扫描设备进行数字化。

2）超出所使用扫描仪扫描尺寸的档案可采用更大幅面扫描仪进行扫描，也可以采用小幅面扫描仪分幅扫描后进行图像拼接的方式处理。分幅扫描时，相邻图像之间应留有足够的重叠，并且采用标板等方式明确说明分幅方法；若后期采用软件自动拼接的方式，重叠尺寸建议不小于单幅图像对应原尺寸的 1/3。

3）对于极其珍贵且尺寸不规则或幅面超过 A3 的档案，为方便直观显示原件大小，可采用标板、标尺等方式标识原件大小等信息。

4）应遵循相关设备的使用规律进行定期维护、保养。

（3）扫描色彩模式。

1）页面中有红头、印章或插有照片、彩色插图、多色彩文字等的档案，应采用彩色模式进行扫描。

2）页面为黑白两色，并且字迹清晰、不带插图的档案，可采用黑白二值模式进行扫描。

3）页面为黑白两色，但字迹清晰度差或带有插图的档案，也可采用灰度模式扫描。

4）图纸类纸质档案的扫描色彩模式采用 256 色。图纸（及其他大幅面）文件缩略图的扫描色彩模式采用彩色。

（4）扫描分辨率。

1）扫描分辨率的选择，应保证扫描后图像清晰、完整，并综合考虑数字图像后期利用方式等因素。

2）扫描分辨率应不小于 300dpi，并且保证放大 200% 查看时，图像质量清晰。

3）如有 COM 输出、仿真复制、印刷出版等其他用途时，可根据需要调整扫描分辨率。需要进行 COM 输出的档案，扫描分辨率建议不小于 300dpi；需要进行高精度仿真复制的档案，扫描分辨率建议不小于 600dpi；需要进行印刷出版的档案，可结合档案幅面、印刷出版幅面、印刷精度要求等选择合适的分辨率。

（5）存储格式。

1）文字类文件存储格式为双层 PDF 格式。扫描形成的图像需经过 OCR 识别（识别率不低于 90%），然后通过双层 PDF 合成软件生成可供检索的 PDF 文件。

2）图纸类文件扫描原始文件及缩略图存储格式为 TIFF、JPEG 或 JPEG2000 等通用格式，图像压缩率的选择可根据实际应用的需求而定。同时存储一份 PDF 格式文件。

3）同一批档案应采用相同的存储格式。

（6）扫描要求。

1）要保持图像清晰、图幅端正，对于年代较早略有破损但未达到修补标准的图纸，要利用特殊处理进行扫描，以避免图纸进一步破损。易损档案数字化过程中要求有相应保护措施（如封套、平板扫描）。

2）加工后的电子影像在总数量上、灰度上、清晰度上与原书式档案保持一致。

（7）图像命名。

1）应以档号为基础对数字图像命名。图像命名方式的选择应确保图像命名的唯一性。

2）建议将数字图像存储为单页文件，并按档号与图像流水号的组合对图像命名。

3）数字图像确需存储为多页文件时（如存在正文、附件、处理单、草稿、校核稿等情况），可采用该档案的档号对图像命名。

4）应科学建立纸质档案数字图像的存储路径，确保数据挂接的准确性。

7.3.3.4　图像处理

应遵循精确复制的原则实施图像处理。按照《纸质档案数字化规范》（DA/T 31—2017），根据档案纸张、清晰度和灰度情况进行消蓝处理，调整扫描模式，多次扫描比对，达到图像质量最大化清晰，文件大小常规化。保证数字图像清晰、端正。数字副本应能准确反映档案原件的原始面貌，不得出现原件没有的颜色、变形、马赛克、明显皱纹等影像。发现不符合图像质量要求时，应重新进行图像的处理。

（1）图像拼接。对分幅扫描形成的多幅数字图像，应进行拼接处理，合并为一个完整的图像，以保证纸质档案数字图像的整体性；拼接时应确保拼接处平滑地融合，拼接后整幅图像无明显拼接痕迹。

（2）旋转及纠偏。对不符合阅读方向的数字图像应进行旋转还原；对出现偏斜的图像应进行纠偏处理，以达到视觉上基本不感觉偏斜为准，保证图像与实体文件偏斜的角度小于 2 度。

（3）裁边。需对数字图像中出现的多余白边进行裁边处理，应在距页边最外延至少 2 ～ 3mm 处裁剪，以有效缩小图像文件大小，节省存储空间。

（4）去污。如需对数字图像进行去污处理，以去除在扫描过程中产生的污点、污线、黑边等影响图像质量的杂质，应遵循展现档案原貌的原则，处理过程中不得去除档案页面原有的纸张蜕变斑点、水渍、污点、装订孔等痕迹。

（5）图像质量检查。

1）数字图像不完整、无法清晰识别或图像失真度较大时，应重新扫描。

2）对于漏扫、重扫、多扫等情况，应及时改正。

3）数字图像的排列顺序与档案原件不一致时，应及时进行调整。

4）对数字图像拼接、旋转及纠偏、裁边、去污等处理情况进行检查，发现不符合图像质量要求时，应重新进行图像处理。

7.3.3.5　数据挂接

（1）应借助相关软件对数字档案馆数据库中的目录数据与其对应的纸质档案数字图像进行挂接，以实现目录数据与数字图像的关联。

（2）逐条对挂接结果进行检查，包括目录数据与纸质档案数字图像对应的准确性、已挂接数字图像与实际扫描数量的一致性、数字图像是否能正常打开等，发现错误及时进行纠正。

7.3.3.6　数字化成果验收与移交

（1）验收方式。应采用计算机自动检验与人工检验相结合的方式，对纸质档案数字化成果进行验收检验。

（2）验收内容。

1）纸质档案数字化成果包括数字图像、档案目录数据、元数据、数字化工作中产生的工作文件、存储载体等。

2）应对目录数据进行验收，主要包括数据库中各条目的内容、格式等的准确程度、必填项是否填写等。

3）应对元数据进行验收，主要包括元数据元素的完整性和赋值规范性等。

4）应对数字图像进行验收，主要包括数字化参数、存储路径、命名的准确性、图像的完整性、排列顺序的准确性、图像质量等。

5）应对数据挂接进行验收，主要包括目录数据与其对应的数字图像的挂接的准确性等。

6）应对档案数字化交接登记表等工作文件进行验收。

7）应对存储载体进行验收，主要包括载体的可用性、有无病毒等。

（3）验收指标。能够采用计算机自动检验的项目应采用计算机自动检验的方式进行100%检验，检验合格率应为100%；对于无法用计算机自动检验的项目，可根据情况以件或卷为单位，采用抽检的方式进行人工检验，抽检比率不得低于5%，对于数据库条目与数字图像内容对应的准确性，抽检合格率应为100%，其他内容的抽检合格率应不低于95%。

（4）验收结论。

1）每批纸质档案数字化成果质量检验满足"验收内容"和"验收指标"要求，予以验收"通过"。验收未通过应视情况进行返工或修改后，重新进行验收。

2）验收完成后，形成验收报告，经验收组成员审核、签字后生效。

（5）移交。

1）经验收合格的完整数据应及时进行备份；为保证数据安全，备份载体的选择应多样化，可采用在线、离线相结合的方式实现多套备份；备份数据应进行检验，检验内容主要包括备份数据能否打开、数据信息是否完整、文件数量是否准确等；数据备份后应在相应的备份介质上做好标签，以便查找和管理。

2）验收合格的数据及其备份数据应按照纸质档案数字化工作方案及时移交，并履行交接手续。

7.3.3.7　档案归还入库

（1）档案装订。纸质档案数字化工作完成后，拆除过装订物的档案如需装订，应注意保持档案原貌，做到安全、准确、无遗漏。

（2）档案归还入库。按照档案入库相关要求对纸质档案进行处理和清点，并履行档案入库手续。

7.3.4　项目档案数字化注意事项

随着信息技术的不断发展以及"档案信息化战略转型"政策的出台，从技术融合、管理变革、数字转型等方面加快档案数字化、信息化是大势所趋。

建设项目档案数字化是档案管理现代化的必经之路，具有非常重要的现实意义，同时也是一条循序渐进的探索之路。受制于建设项目的资金、技术和设备等因素，档案数字化工作在推进过程中往往面临以下问题：

（1）档案管理人员专业素养有待提升。

贯彻习近平总书记"共抓大保护、不搞大开发"的倡导，长江大保护建设项目发展得如火如荼，项目档案业务也呈数量级增长，相应的档案数字化任务也愈加繁重。档案管理人员在新时代背景下不能很好地快速适应数字化管理，档案扫描和数据挂接等业务水平还有待提升，对于数字化标准的理解和执行不到位，制约了档案数字化进程。

因此，有必要针对长江大保护建设项目的档案管理人员工作现状进行系统性、专业性和前沿性的培训，注重专兼职档案管理人员对档案数字化的接受能力和实践效果。

（2）缺乏先进的数字化设备。

软件资源、硬件资源以及网络资源等是长江大保护建设项目档案数字化管理的基础，然而项目公司几乎无法配齐各种数字化设备，阻碍了档案管理的工作质量与效率提升。在推进档案数字化管理进程中，计算机设备是不可缺少的重要内容，是实现档案数字化管理的基础。

为实现建设项目档案管理数字化，项目公司要积极引进各种先进的现代化设备，及时更新陈旧的设备程序与系统等，从而满足新时期档案数字化管理的需要，为档案资料的可靠性与真实性提供重要保障，实现对各种档案资料的长久保存，充分挖掘档案资料的价值。

（3）档案数字化管理存在风险。

档案数字化信息的安全保密问题是档案工作的重要内容，长江大保护建设项目档案数字化的各个环节（扫描、著录、图像处理、数据挂接等）及数字档案的管理与利用过程中，都存在档案安全及档案泄密的问题。如数字化工程中的漏扫、错扫，漏挂、错挂，图像处理不当造成的档案失真；数字化加工参与人员访问权限设定不严造成的泄密；对接互联网由于病毒传染、黑客攻击造成的数据被破坏、被篡改、被转移；备份不及时造成的数据丢失等。

因而，长江大保护建设项目档案数字化过程中应该树立风险意识。建立风险管理机制，将风险思想贯穿档案数字化建设的各个环节，确保档案原件和数字化信息的安全；加强数字化人员的安全保密教育工作，与数字化公司签订保密协议，明确安全责任；所有安装档案管理系统的计算机务必在内部组建局域网，切断病毒、黑客的侵袭来源；做好扫描数据的备份工作，选用技术成熟和质量可靠的存储介质和设备，做好数据迁移和备份工作，从各个环节筑牢建设项目档案数字化的安全意识。

7.3.5 实物档案数字化流程

实物档案根据载体的不同，可分别采用扫描或拍摄的方法进行数字化。扫描方式适合于纸质载体的实物档案，如奖状、证书等；数码相机彩色拍摄方式，适合于非纸质载体的实物档案，如奖牌、奖杯、锦旗等。

采取扫描方式进行数字化的实物档案数字化流程同本章"纸质档案数字化流程"。

7.3.6 安全与保密

（1）应按照国家有关法律、法规，加强档案数字化各环节的安全管理，确保档案实体和信息安全。

（2）档案数字化可采用自主组织加工或档案数字化服务外包等方式。

（3）档案数字化采用自主组织加工的，应采取下列安全保密措施：

1）应组织数字化人员签署保密承诺书，自觉履行保密责任，防止失、泄密事件发生。

2）应对档案数字化加工过程中涉及档案实体与档案数字化成果移交的各个环节，建立完备的登记和交接手续。

3）数字化加工设施设备不得与互联网连接。

4）数字化成果应通过验收且确认无病毒，方可按要求移交。

（4）档案数字化采用外包服务方式的，应按照《档案服务外包工作规范》（DA/T 68.1—2020）相关部分执行。

7.4 市政管网数据的收集与归档

7.4.1 市政管网数据的收集与管理

7.4.1.1 管网数据的收集与管理

目前，我国城市市政地下管线（供水、排水、燃气、热力、电力、通信、广播电视、工业等八大类20余种管线）总长度近350万km，且每年仍以10万km的速度递增。

管网数据对于城市管理和城市安全来说意义重大，城市地下管网体系的健全不仅满足了市政管理部门的日常管理需求，而且为城市的科学管理和决策提供了支持，增强了城市的软实力，在增强可持续发展后劲方面具有积极作用。因此，管网数据得到了国家和各行业高度重视。

目前，长江经济带沿线 11 省市管网长度超 30 万 km，约占全国总管网长度的四成。长江大保护项目建设大多会涉及城市市政供水、排水与污水处理等管网建设。做好长江大保护项目管网数据的收集与归档管理工作，充分利用现代化数字技术，实现信息的及时更新和全面共享，可以使管道能够更加稳定的发挥作用，减少维修成本，为日后管道的风险评估工作打下基础，更好地服务于项目生产运行、海绵城市、智慧城市与数字中国战略。

（1）管网历史数据与日常数据收集。

完整性管理的管网数据收集需要在项目建设初期就开始进行，通过相应的技术手段和收集路径对建设过程中管道的设计、建设、维护等相关信息进行收集、管理并构建数据库，便于管理人员对数据进行分析，从而做出科学的决策。数据的收集主要包括两个方面：一是历史数据的收集；二是后期日常数据的采集。

1）历史数据收集。应尽量维护管道相关数据的齐全、完整和准确，为管道完整性管理提供数据支撑。历史数据包括管道建设初期的设计资料和图纸、周边地区的地形图、施工检测报告、验收报告、选用材料证书、参考的各种规程规范等。

2）日常数据采集。管道在交工投入使用后应当进行定期检查、维修检修、运行监测，应做好相关过程中管道的技术数据、基础数据、实效数据等方面的收集。数据整理需要对收集到的所有数据进行分门别类，通过筛选分析来对管道的使用情况做出评判，最终利用这些信息做出完整的运行评价。完整性管理是一个长期的过程，管理者利用收集到的数据，分析可能存在的安全隐患，同时对数据不断地更新，通过扩充数据库让评估更具有参考价值。

管理人员在整理数据时要考虑到多方面因素，尤其应当注意与事件相关的数据，对于事件相关的数据要做到及时更新，确保时效性。除此以外，应当制定统一的信息管理流程，借助于近来发展的诸如数字孪生、BIM 等网络技术，构建专门的"城镇管网系统数据汇总平台"，让数据的调用分析变得更加方便快捷，同时也可以为新的管网系统的建设提供更多的参考。诸如长江环保集团依托建设项目，开发了"管线宝"系统应用，推进管网数据的实时收集与维护，日常生产运行监测提供了有力支撑。长江环保集团大数据可视化系统如图 7-1 所示。

图 7-1　长江环保集团大数据可视化系统

（2）管网数据管理。

数据完整性管理的最终目的在于让管道在服役过程中的风险降到最低，使管道能够稳定运行。通过对数据进行收集整理，对异常数据进行分析，将管道的各项性能指标和正常情况进行对照，对管道的工作情况做出评价，最终对管网系统的稳定性做出整体评判，为管理者提供更好的参照依据。对于收集到的数据要结合科学的评价方法，及时做出分析，及时发现管道的问题所在，方便维修人员及时做出调整，让管网系统更加完善。

为了更为便捷地实现市政管网数据管理，要利用智能化系统进行数据抽取与归档。比如数据的批量导出等，方便管理人员的风险分析工作，同时也可以按照各地方数据信息归档要求备以查考。但是要注意信息安全的问题，对于一些涉及敏感信息的管道，要做好数据的保密工作。数据的访问权由管理人员逐个审核，备份工作要及时做好，保证数据的安全。

7.4.2　市政管网数据的管理要求

近年来，国家大力推进排水管网建设改造及加强存量管网的检测修复、运维养护，出台多项政策支持排水管网行业的发展。进入"十三五"后，国务院指出要"发展智能管网，实现城市地下空间、地下管网的信息化管理和运行监控智能化"；住房和城乡建设部也明确规定地下管线与空间综合管理指标，实现城市地下管网数字化综合管理、监控。《十四五规划》提出，补齐城镇污水管网短板，发展智能管网，实现城市地下管网的信息化管理和运行监控智能化，2035年实现城市生活污水收集管网实现基本全覆盖的规划。主要发布的行业政策和发展规划具体如下（见表7-5）。

表 7-5　排水管网行业相关政策

年度	文件	颁布部门	主要内容
2013	《国务院办公厅关于做好城市排水防涝设施建设工作的通知》（国办发〔2013〕23号）	国务院	各地区要尽快对当地的排水设施情况进行全面普查，建立管网等排水设施地理信息系统。各地区要抓紧制定城市排水防涝设施建设规划，明确排水出路与分区，科学布局排水管网，确定排水管网雨污分流、管道和泵站等排水设施的改造与建设等建设任务。加快推进雨污分流管网改造与建设。在雨污合流区域加大雨污分流排水管网改造力度，暂不具备改造条件的，要尽快建设截流干管，适当加大截流倍数，提高雨水排放能力，加强初期雨水的污染防治
2013	《国务院关于加强城市基础设施建设的意见》（国发〔2013〕36号）	国务院	加强城市各类地下管网的建设、改造和检查，优先改造材质落后、漏损严重、影响安全的老旧管网
2014	《关于进一步加强城市节水工作的通知》（建城〔2014〕114号）	国家发展改革委、住房城乡建设部	改造使用年限超过50年、材质落后和漏损严重的供排水管网
2014	《国务院办公厅关于加强城市地下管线建设管理的指导意见》（国办发〔2014〕27号）	国务院	明确2015年底前完成城市地下管线普查，建立综合管理信息系统，编制完成地下管线综合规划。加大老旧管线改造力度，推进雨污分流管网改造和建设。对存在事故隐患的供热、燃气、电力、通信等地下管线进行维修、更换和升级改造。加大城市地下管线科技研发和创新力度，鼓励在地下管线规划建设、运行维护及应急防灾等工作中，广泛应用精确测控、示踪标识、无损探测与修复、非开挖、物联网监测和隐患事故预警等先进技术
2015	《水污染防治行动计划（"水十条"）》	国务院	到2020年，全国水环境质量得到阶段性改善，污染严重水体较大幅度减少，饮用水安全保障水平持续提升，地下水超采得到严格控制，地下水污染加剧趋势得到初步遏制，近岸海域环境质量稳中趋好，京津冀、长三角、珠三角等区域水生态环境状况有所好转。到2030年，力争全国水环境质量总体改善，水生态系统功能初步恢复。到21世纪中叶，生态环境质量全面改善，生态系统实现良性循环
2015	《国务院办公厅关于推进城市地下综合管廊建设的指导意见》（国办发〔2015〕61号）	国务院	我国正处于城镇化快速发展时期，地下基础设施建设滞后推进城市地下综合管廊建设，统筹各类市政管线规划、建设和管理，解决反复开挖路面、架空线网密集、管线事故频发等问题

年度	文件	颁布部门	主要内容
2015	《国务院办公厅关于推进海绵城市建设的指导意见》（国办发〔2015〕75号）	国务院	通过海绵城市建设，综合采取"渗、滞、蓄、净、用、排等措施，最大限度地减少城市开发建设对生态环境的影响将70%的降雨就地消纳和利用。到2020年，城市建成区20%以上的面积达到目标要求；到2030年，城市建成区80%以上的面积达到目标要求
2016	《国务院关于深入推进新型城市化建设的若干意见》（国办发〔2016〕8号）	国务院	第三部分"全面提升城市工程"明确指出要"实施城市地下管网改造工程""推进海绵城市建设""推进新型城市建设""提升城市公共服务水平"等与地下管网相关的建设要求
2016	《国家环境保护"十三五"规划基本思路》	环境保护部	规划提出2020年及2030年两个阶段性目标。在"十三五期间，建立环境质量改善和污染物总量控制的双重体系，实施大气、水、土壤污染防治计划，实现三大生态系统全要素指标管理
2016	《城市管网专项资金绩效评价暂行办法》	财政部、住房城乡建设部	强化城市管网专项资金管理，保证资金支持的各项工作顺利实施与制定
2016	《关于提高城市排水防涝能力推进城市地下综合管廊建设的通知》（建城〔2016〕174号）	住房城乡建设部	要做好城市排水防涝设施建设规划、城市地下综合管廊工程规划、城市工程管线综合规划等的相互衔接，切实提高各类规划的科学性、系统性和可实施性，实现地下空间的统筹协调利用，合理安排城市地下综合管廊和排水防涝设施，科学确定近期建设工程
2019	《进一步加强城市地下管线建设管理有关工作的通知》	住房城乡建设部、工业和信息化部、国家广电总局、国家能源局	提出统筹协调落实年度建设计划，加强城市地下管线普查建设管线综合管理信息系统，同时推动管线建设管理方式创新，鼓励应用物联网、云计算、5G网络、大数据等技术积极推进地下管线系统智能化改造，为工程规划、建设施工、运营维护、应急防灾、公共服务提供基础支撑，构建安全可靠、智能高效的地下管线管理平台
2020	《2020年国务院政府工作报告》	国务院	重点支持"两新一重"（新型基础设施建设，新型城镇化建设，交通、水利等重大工程建设）建设
2020	《住房和城乡建设部关于加强城市地下市政基础设施建设的指导意见》（建城〔2020〕111号）	住房城乡建设部	各城市人民政府负责组织开展设施普查，建立设施危险源及风险隐患管理台账；统筹城市地下空间和市政基础设施建设；切实加强城市老旧地下市政基础设施更新改造工作力度；推动数字化、智能化建设运用第五代移动通信技术物联网、人工智能、大数据、云计算等技术，提升城市地下市政基础设施数字化、智能化水平

年度	文件	颁布部门	主要内容
2021	《"十四五"城镇污水处理及资源化利用发展规划》（发改环资〔2021〕827号）	国家发展改革委、住房城乡建设部	"十四五"污水规划要求，到2025年基本消除城市建成区活污水直排口和收集处理设施空白区，全国城市生活污水集中收集率力争达到70%以上；城市和县城污水处理能力基本满足经济社会发展需要，县城污水处理率达到95%以上。到2035年，城市生活污水收集管网基本全覆盖，城镇污水处理能力全覆盖。补齐城镇污水管网短板，提升收集效能，"十四五"期间新增和改造污水收集管网8万km。规划要求，全面排查污水管网、雨污合流制管网等设施运行状况；除干旱地区外，新建污水收集管网应采取分流制系统；加强管网建设全过程质量管控等
2021	《"十四五"规划和2035年远景目标纲要》	全国人大	分级分类推进新型智慧城市建设，将物联网感知设施、通信系统等纳入公共基础设施统一规划建设，推进市政公用设施、建筑等物联网应用和智能化改造
2021	《关于实施国家水网重大工程的指导意见和实施方案》	水利部	到2025年，建设一批国家水网骨干工程，有序实施省市县水网建设，着力补齐水资源配置、城乡供水、防洪排涝、水生态保护、水网智慧化等短板和薄弱环节、水安全保障能力进一步提升
2022	《十四五节能减排综合工作方案的通知》	国务院	推进城市污水管网建设和改造、实施混错接管网改造、老旧破损管网更新修复、加快补齐处理能力缺口，推行资源化利用和污泥无害化处置。到2035年，新增和改造污水收集管网8万km，新增污水处理能力2000万 m^3/d
2022	《关于加强推进城市环境基础设施建设指导意见的通知》	国务院办公厅、国家发展改革委	推进城镇污水管网全覆盖、推动老旧管网修复更新，充分利用大数据、物联网、云计算等技术，推动城市基础设施智能升级，以数字化助推运营和监管模式创新，逐步建立完善环境基础设施智能管理体系

（1）行业标准规范。

排水管网行业涉及细分领域较多，细分领域涉及的规划设计、施工及验收、技术、材料、设备等均有国家或行业标准规范。另外，排水管网基本上是由地方政府出资建设，其资产权属、运营权在各地方政府，各省市又有自己的地方标准，具体如下（见表7-6、表7-7）。

表 7-6　排水管网相关国家标准

阶段	时间	标准名称	批准或发布单位
管线探测、检测	2017 年 12 月	《城市地下管线探测技术规程》（CJJ 61—2017）	住房城乡建设部
	2012 年 12 月	《城镇排水管道检测与评估技术规程（CJJ 181）	住房城乡建设部
	2019 年 4 月	《市政管道电视检测仪》（CJ/T 519）	住房城乡建设部
施工建设	2008 年 10 月	《给水排水工程顶管技术规程》（CECS 246）	中国工程建设标准化协会
	2009 年 5 月	《给水排水管道工程施工及验收规范》（GB 50268）	住房城乡建设部
	2010 年 12 月	《埋地塑料排水管道工程技术规范》（CJJ 143）	住房城乡建设部
	2015 年 2 月	《水平定向钻法管道穿越工程技术规程》（CECS 382）	中国工程建设标准化协会
	2017 年 7 月	《盾构法隧道施工及验收规范》	住房城乡建设部
	2021 年 3 月	《城镇排水管道混接调查及治理技术规程》（T/CECS 758—2020）	中国工程建设标准化协会
非开挖修复	2007 年 10 月	《采用聚乙烯内衬修复管道施工技术规范》（SY/T 4110）	国家发展改革委
	2014 年 6 月	《城镇排水管道非开挖修复更新工程技术规程》（CJJ/T 210）	住房城乡建设部
	2018 年 9 月	《埋地钢制管道管体缺陷修复指南》（GB/T 36701）	国家市场监督管理总局 国家标准化管理委员会
	2019 年 8 月	《非开挖修复用塑料管道总则》（GB/T 37862）	国家市场监督管理总局 国家标准化管理委员会
	2018 年 12 月	《给水排水管道原位固化法修复工程技术规程》（T/CECS 559）	中国工程建设标准化协会
	2018 年 12 月	《给水排水管道内喷涂修复工程技术规程》（T/CECS 602）	中国工程建设标准化协会

阶段	时间	标准名称	批准或发布单位
运维养护	2010 年 7 月	《城镇排水管道维护安全技术规程》（CJJ6）	住房城乡建设部
	2017 年 3 月	《城镇排水管渠与泵站运行、维护及安全技术规程》（CJJ68）	住房城乡建设部
管网智慧化	2007 年 9 月	《全国国土资源信息网络系统建设规范》	国土资源部
	2009 年 12 月	《测绘成果质量检查与验收》（GB/T 24356）	国家质量监督检验检疫总局
	2011 年 2 月	《城市市政综合监管信息系统技术规范》（CJJ/T 106）	住房城乡建设部
	2012 年 5 月	《城镇排水水质水量在线监测系统技术要求》（CJ/T 252）	住房城乡建设部
	2012 年 6 月	《城市测量规范》（CJJ/T 8）	住房城乡建设部
	2012 年 10 月	《城市坐标系统建设规范》（GB/T 28584）	国家质量监督检验检疫总局
	2017 年 4 月	《城市排水防涝设施数据采集与维护技术规范》（GB/T 51187）	住房城乡建设部
	2019 年 11 月	《卫星定位城市测量技术标准》（CJJ/T 73）	住房城乡建设部
验收	2018 年 10 月	《建筑地基基础工程施工质量验收标准》（GB 50202）	住房城乡建设部
	2020 年 12 月	《城镇排水管道非开挖修复工程施工及验收规程》（T/CECS 717）	中国工程建设标准化协会
	2020 年 2 月	《给排水管道非开挖垫衬法修复施工与验收规程》	中国工程建设标准化协会

表 7-7　排水管网相关地方标准

适用省份	时间	标准名称 / 定额名称	批准发布单位 / 主编单位
广东省	2006 年 3 月	《埋地排水钢肋增强聚乙烯（PE）螺旋波纹管管道工程技术规程》（DBJ15—49—/06）	广东省住房和城乡建设厅
	2012 年 9 月	《城镇公共排水管道非开挖修复技术规程》（DB44/T 1026）	广东省质量技术监督局
	2019 年 12 月	《排水管渠维修技术规范》（DB4401/T28）	广州市市场监督管理局
	2020 年 12 月	《城镇排水管网动态监测技术规程》（DBJ/T 15—198）	广东省住房和城乡建设厅
	2021 年 2 月	《广东省城镇排水管网设计施工及验收技术指引（试行）》	广东省住房和城乡建设厅
	2021 年 2 月	《智慧排水建设技术规范》（DBJ/T 15—212）	广东省住房和城乡建设厅
	2021 年 5 月	《球墨铸铁排水管道工程技术规程》（DBJ/T 15—218）	广东省住房和城乡建设厅
重庆市	2021 年 11 月	《城镇给水排水构筑物及管道工程施工质量验收规范》（DBJ 50108）	重庆市住房和城乡建设委员会
	2021 年 3 月	《山地城市室外污水管网建设技术标准》（DBJ 50/T374）	重庆市住房和城乡建设委员会
	2021 年 9 月	《关于调整房屋建筑工程和市政基础设施（含管线）工程档案归档范围通知》	重庆市住房和城乡建设委员会
安徽省	2013 年 3 月	《给排水工程顶管技术规程》（DB34/T1789）	安徽省质量技术监督局
	2019 年 8 月	《地下管线竣工测绘技术规程》（DB34T3325）	安徽省住房和城乡建设厅
	2020 年 9 月	《城镇排水管道检测与修复技术规程》（DB34T3587）	安徽省住房和城乡建设厅

适用省份	时间	标准名称／定额名称	批准发布单位／主编单位
湖南省	2018 年 6 月	《湖南省城镇排水管网及泵站维护管理质量标准》（DBJ43/T501）	湖南省住房和城乡建设厅
	2019 年 3 月	《湖南省城镇地下管线探测技术标准》（DBJ43/T502）	湖南省住房和城乡建设厅
	2020 年 8 月	《湖南省城市综合地下管线数据建库与共享交换技术规程》（DBJ43/T510）	湖南省住房和城乡建设厅
浙江省	2017 年 10 月	《供排水管网地理信息系统技术规程》（DB33/T2053）	浙江省住房和城乡建设厅
	2017 年 10 月	《智慧供排水信息系统安全技术规范》（DB33/T2051）	浙江省住房和城乡建设厅
	2019 年 6 月	《城市地下综合管廊运行维护技术规范》（DB33/T1157）	浙江省住房和城乡建设厅
江苏省	2020 年 3 月	《管线探测工程监理技术规程》（DB3201/T1002）	南京市规划和自然资源局
	2021 年 2 月	《居住小区排水管道混接排查与改造规程》（DB3204/T101）	常州市住房和城乡建设局
	2021 年 6 月	《给水排水图集》（苏 S01）	江苏省住房和城乡建设厅
湖北省	2019 年 7 月	《湖北省城镇地下管线探测技术规程》（DB42/T875）	湖北省住房和城乡建设厅
	2021 年 4 月	《城镇排水管道检测与评估技术标准》（DB42/T1615）	湖北省住房和城乡建设厅
	2021 年 6 月	《市政管线检查井技术规程》（DB42/T1652）	湖北省住房和城乡建设厅
	2023 年 2 月	《武汉市城市管线管理办法》（武汉市人民政府令第 315 号）	武汉市人民政府

7.4.3　城市管网档案数据知识化应用

大数据、云计算与人工智能技术正推动海量的城市管网档案信息资源由"数字态向数据态纵深转化"。城市管网档案数据的积累为知识化开发和利用建立了良好的物质基础与环境资源。

（1）城市管网档案数据化。

大量原生数据态的城市管网档案资源正逐渐成为档案部门的主要管理对象。以传统载体形式存在的城市管网档案在未来将会以数据的形式存在。广义来看，城市管网档案管理数据化是档案管理数字化的深化与升级，是未来档案信息化建设的发展方向。城市管网档案数据化主要包括 4 类：①基础地理信息数据，如线划地图、影像地图、地名地址等数据；②地下管线数据，如供水管线、排水管线、电力管线等数据；③检测感知数据，如水质监测、水位监测、压力监测、流量监测、温度监测等数据；④其他数据，如安监专题监测、应急专题监测等数据。

城市管网数据档案管理工作从数字化到数据化的转变，是对纸质档案数字化工作的推进，也是对城市管网档案利用的深层次开发，更是推动档案服务升级的新契机。

（2）城市管网档案知识化。

在大数据浪潮汹涌而至的时代，面对各方对城市管网档案的多元现实需求，数据态的城市管网档案将通过现代算法技术进行加工、处理，进行信息分析、价值挖掘、知识发现，为档案服务知识化提供可靠的实现路径。

首先，相比于传统纸质档案与电子档案的开发，数据化后档案资源的开发单位将从文件细化到内容，将内容语义化为数据，档案开发的颗粒度不断细化，分散在海量文件中的档案数据通过本体、语义分析等技术，更大限度地实现档案价值的深度开发。其次，随着技术的不断发展，档案资源数据化程度也将不断提升，档案服务在满足档案用户日常查阅需求的同时，必将在数据的驱动下不断迈向知识化。

城市管网档案服务知识化的实现需借助语义、本体、知识图谱等技术对档案内容进行语义拆分、清洗、合并、可视化处理，最终呈现出丰富全面的档案知识成果。如在精确探测、定位地下管线的基础上，实时监测感知管线运行状态，实现地下管线全生命周期管理，将城市中服务民生的所有管线（网）与精确探测、地下标识、综合感知和应急联动，为多场景下的城市管网档案资源利用提供解决方案。

最后，根据《中华人民共和国档案法》有关规定，由档案管理部门主导，业务部门、信息技术支持部门等多元主体共同参与，共同推动城市管网档案数据服务创新，是实现城市管网档案资源知识化建设发展的必经之路。

7.4.4　助力智慧城市建设与发展

随着我国城市化水平的提高，基础建设的发展，各城市都建有大规模错综复杂的地上地下综合管网设施。城市管网是城市建设的重要内容，城市的"动脉"。加强城市地上地下管网的智能化管理，对城市健康、安全、有序的发展意义重大。

智慧管网不仅能够确定城市管网的准确位置，还可以监控城市管网的运行状态，当管网出现漏损时可以及时报警，必要时还可以进行远程遥控。因此，智慧管网是智慧城市的重要组成部分，智慧管网应用管理模式是智慧城市管理应用的重要分支。然而，目前城市管网普遍存在现状不清的现象，监管难度大；管网监测技术逐步加强，但数据应用与分析技术应用仍有不足；运维管理内容复杂，人工管理与记录工作繁重，工作效率低；图纸资料等大量积累，存储方式多样且分散，数据孤岛严重。这些状况使得管网档案资源难以有效地整合，管网事故频发，应急救援不及时，影响城市的正常运行，推动管网管理由粗放型向智慧化方向发展已迫在眉睫。

（1）城市管网档案与智慧管网。

智慧管网是智慧城市体系下的一个重要应用方向，是基于信息技术和物联网的城市管网管理系统，通过数据采集、传输、分析和应用，提供实时监测、预警和决策支持，以提升城市管理水平。

智慧管网所依赖的数据基础包括了城市管网规划、设计、施工以及竣工过程中形成的城市管网档案资源，完整、准确和系统的城市管网档案资源对管网数据的完整性、一致性和有效性意义重大，也是智慧管网的深度应用和数据挖掘的基础。基于城市管网数据库，建立城市管网的综合应用平台，以及不同行业的专用信息平台，实现管网的自动化控制和智能化管理，根据统计分析结果进行阈值预警、做出决策并实施控制。

依托于城市管网档案资源，智慧管网应用具象成为社会提供贴心服务的窗口、为管理者提供决策依据的平台、为运营人员提供指挥管理的工具、为智慧城市提供应用支撑的环境，从而实现全社会参与智慧城市建设与管理的目标。

（2）城市管网档案促进城市建设的途径。

当前，随着各行各业信息化程度的加强，为实现城市管网档案资源助力智慧管网、智慧城市发展，要坚持以制度和现代科技为依托，开展务实、高效的城市管网档案数字化收集和管理工作，探索知识化开发与利用工作，才能跟上智慧城市建设的节拍。

1）将城市管网档案管理纳入整体发展规划。企业要提高加强城市管网档案数字化建设的学习和宣传力度，提高对城市管网档案数字化重要性的认识。同时，要根据相关法律规定并结合本地建设实际，制定数字化档案管理细则，把城市管网档案数字化管理纳入企业整体发展规划，并抓好各个环节工作的落实，进而推动数字化档案收集、管理工作深入开展。同时要严格执行规划许可、施工许可、备案管理等程序，使城市管网档案数字化的管理有法可依，有章可循，为建立健全数字化档案信息由静态向动态管理的转变提供有力保障。

2）建立完善城市管网档案数字化管理协调机制。各级建设、规划行政主管部门要以对历史负责、对子孙后代负责的态度，从规划、设计、施工开始严格把关，认真履行监管职责，在开工前认真做好管网档案的查阅工作。相关企业在城市管网档案数字化的移交中，应根据《中华人民共和国档案法》《城市地下管线工程档案管理办法》以及数字化档案移交等有关规定，认真履行相关手续，确保数字化档案的完整性、保密性和不可更改性，健全数字化档案管理工作网络。同时，对新建、扩建、改建的城市管网相关工程要事先向档案管理部门提交工程计划表，使档案管理部门在提供利用中收集、在收集中提供利用，做到收集和利用相结合。

3）保障城市管网档案数据的及时性、完整性和权威性。

当城市管网档案数字化信息不全，精确度不高，数据更新跟不上时，可能会导致企业和建设部门重复投资、重复建设，对智慧管网乃至智慧城市建设造成不必要的影响。档案管理部门应定期开展城市管网数据补测工作，为智慧城市改建、扩建提供管网准确位置，避免重复投资和各类工程事故的发生，切实发挥档案数字化管理在智慧城市建设中的决策和咨询作用。

4）实现档案数字化管理的综合动态管理。及时更新是保持档案数字化生命力的重要条件。只有坚持及时更新，实现数字化档案动态管理，才能使工程档案更好地为现实服务。一是要建立城市管网数据库，完善档案数字化管理系统，实行城市管网数字化信息交流和信息共享机制，为智慧化城市规划、建设和档案数字化管理提供档案数字化信息检索、查询和利用；二是档案管理部门要建立严格的档案数字化信息更新和数字化档案归档、查找和利用制度，实现动态管理，及时更新新建的城市管网数据库；三是为实现城市管网档案数字化、信息化，在保证信息安全、准确的前提下，要对以前的纸质档案在人力、物力允许的情况下进一步进行扫描、拍照，逐步实现城市管网档案数字化信息管理，为智慧化城市建设服务。

城市管网档案数字化是建设智慧城市不可或缺的重要环节，城市管网档案是不可忽视的宝贵"财富"，是确保当今智慧城市建设健康协调发展的重要保障。相关档案部门要尽快改变管线档案数字化管理的被动局面，把城市管网档案数字化的收集和管理提到重要议事日程上来，进一步建立完整、系统的城市管网档案，构建安全、高效的智慧管网应用，为相关企业的科学管理和智慧城市建设的发展提供准确的档案信息资源，加快推进智慧城市建设。

长江大保护项目要充分利用智慧水务统一平台、智慧管网建设平台、"水管家"管理模式及智慧工地监控管理系统等信息系统，做好项目建设管网数据的收集、归档与利用，提升管网管理水平，通过分区计量、压力调控、优化调度、智能化管理等措施，实现管网系统的安全、稳定运行。同时，应结合人工智能技术和大数据技术探索管网数据知识化场景应用，推动管网数据管理的数字化、智能化，为项目现场进度、质量、安全管理等提供基础支撑，为智慧城市建设和数字中国战略提供基础支撑。

7.5　三峡集团长江大保护项目电子档案管理探索

2021 年 3 月 1 日，我国首部流域法——《中华人民共和国长江保护法》正式施行。三峡集团深耕长江经济带生态修复和环境保护建设，创新地提出了以管网为重点的"城市智慧水管家"模式。作为社会第三方，三峡集团对城市供水、排水、管网、防洪排涝、河流湖泊等涉水设施统一规划、统一建设、统一运营、统一管理和统一调度，同时与地方共同探索管网投资建设运营可持续发展机制，坚决打好打赢管网攻坚战，进一步推进长江大保护事业。管网攻坚战项目全面铺开，贯穿项目全生命周期的档案管理工作也正在不断改革和创新。三峡集团借助"档案数字化""电子档案管理"等手段和方式，更好地服务集团"两翼齐飞""两翼融合"，服务长江大保护项目建设，开展了一系列思考、探索和实践。

7.5.1　背景

近年来，长江沿江城市水业（务）发展迅速，三峡集团在水资源、水环境、水生态"三水"共治方面积极探索，同时也发现了项目建设过程中电子档案、档案数字化转型等方面存在的突出问题。由于长江沿线城市"三水"领域智慧水管理（管家）体系尚在完善之中，基础设施的数字化转型、智慧化赋能程度普遍不高，档案服务数字化、网络化、智能化水平还比较低，不利于相关工程建设、验收及运营的精细化、精准化服务。为实现长江大保护项目档案业务与数字化、信息化和智慧化的有机融合，规范项目电子文件管理制度，解决电子文件凭证效力，研究电子文件管理系统迭代技术，形成项目电子文件"单套制"归档方案，开发电子文件知识化场景服务。

7.5.2　创新做法

（1）大力推进数字档案馆系统应用。

遵循国家档案局《企业数字档案馆（室）建设指南》等相关要求，三峡集团设计开发了全集团统一应用、数据集中存储的数字档案馆系统。系统通过对归档文件进行四性检测，记录留痕归档过程，PDF格式转换及监控文件格式保障长期可读，去签名加水印保护文件利用、"3+2"档案异地异质备份等多种技术手段，保障电子文件归档符合来源可靠、程序规范、要素合规的要求，为电子档案"单套制"管理提供可靠保障。

（2）坚决攻关电子文件有效性难题。

面对长江大保护项目工程建设过程中存在的补签、代签等问题，应用电子签名、人像拍照、人员定位、时间戳等技术实现"特定人员、指定地点、规定时间"完成验评签字的"三位一体"管理体系，优化原始的线上审批 – 打印 – 补签字的管理流程，保证了电子文件的真实、合法、可追溯，有效规避了文件补签以及资料造假的问题。将电子文件统一转换为PDF格式，满足电子文件和电子档案长期可读的要求，同时创新结合多版本电子签名与PDF版式文件，实现了各个审签环节的PDF文件可追溯，为实现管理闭环、提高项目管理水平发挥了积极作用，打造档案与业务"共赢"局势。

（3）推进落实"单套制"在线归档。

通过搭建项目管理系统与数字档案馆系统之间的在线数据传输接口，并且对文件进行元数据项补充、格式转换、电子签名、四性检测、文件封装以及自动或手动推送等多种手段，保证数据及时完整地传输，实现了数据的完整、真实、安全、可用。从而实现电子文件在线归档，减少扫描上传、先下载再上传的工作量；减少人为干预，保证电子文件的可靠性。

（4）全面实现文件到档案的全生命周期管理。

规范长江大保护建设项目电子文件的形成以及流转过程，并通过从项目管理业务系统到数字档案馆系统的"单套制"归档，将电子文件形成以及电子档案管理过程中的信息完整、有效、真实地记录，实现从电子文件形成到归档的全生命周期管理。

（5）深入研究电子档案知识化场景应用。

以档案管理系统为依托，结合大数据、云计算、AI、知识挖掘等新技术，针对长江大保护项目管理、质量验评、竣工验收、生产运营、宣传推广等多种需求，探索、开发知识化应用服务，推动工程进度全管理、实现质量安全实时监督、做好"水问题""水危机"预案和其他需要应用分析，深层次拓宽生态环保建设业务中电子档案知识化应用场景，提升智慧化服务的可行性。

7.5.3　创新案例

宜昌市主城区污水厂网、生态水网共建项目二期 PPP 工程，2022 年 3 月入选国家档案局第三批建设项目电子文件归档试点，探索质量验评系统及测量成果的 BIM+GIS 可视化电子归档，形成项目 BIM+GIS 档案管理流程，文件格式及归档标准。电子签名集成在三峡集团的电子签章平台，将该平台的 CA 认证方式集成到工作流引擎中，开发基于电子签章的工作流服务，并对业务应用提供 API 服务。主要包括：初检提交表单、复检审核、终检审核、监理审核、打回等功能步骤和动作。确保施工现场验评电子文件真实、有效、合法，实现质量验评系统与数字档案系统的无缝对接、自动归档。

7.5.4　预期效果

通过全过程电子文件管理与档案服务创新举措，能在管网攻坚战等长江大保护建设行动中统一规划、统筹建设、统筹支付、统一监管、统一验收、统一运维，优化发展长江大保护城市"水管家"模式，全面统筹水环境领域投资、规划、设计、建设、验收、运维、管理等涉水业务，发挥电子文件、电子档案的服务能力与智慧支撑，为"生态优先、绿色发展"建设聚势赋能，为实现长江大保护高质量发展、建设人与自然和谐共生的美丽中国贡献档案力量。

第8章
项目档案验收

8.1 城建档案馆验收组织与要求

列入城建档案管理部门接收范围的长江大保护项目或项目子项，竣工后，须根据项目所在行政区域要求，向当地城建档案馆申请验收，并按要求开展档案移交等工作。项目各子项分属不同行政区域管辖的，应分别满足子项属地城建档案馆要求。各省市城建档案馆验收组织与要求各有差异，大体可归纳为以下几点。

8.1.1 档案验收申请

（1）申请人（建设或施工单位）在项目自评后，提交符合城建档案馆要求的验收申请文件。

（2）城建档案馆收到申请文件后，在规定的工作日内作出答复。

8.1.2 档案审核

（1）申请人按照城建档案馆要求提交档案成果，城建档案馆组织人员对文件材料完整性、准确性、真实性等进行审核，出具档案验收意见。

（2）档案验收合格，城建档案馆出具档案验收通过意见。

（3）档案验收不合格，城建档案馆提出整改意见，申请单位按照要求进行整改，整改完成后，申请单位重新提交验收申请。

8.1.3 档案移交

验收合格的单位应在规定时限内，向城建档案馆移交一套完整的、符合整理规范的纸质、电子、声像档案，经审核合格后提供证明文件。

8.2　建设单位档案验收的组织与管理职责

根据《建设工程文件归档规范》（GB/T 50328）有关要求，长江大保护项目竣工后，应向建设单位档案机构归档。各企业可根据自身建设项目档案管理要求，组织开展建设项目档案专项验收。项目档案验收组织及相应职责可参照以下方式：

8.2.1　项目档案验收组织单位

项目档案验收根据分级原则，按照项目决策层级、规模及大小等，由集团、二级单位、项目公司分别组织。

长江大保护项目按照地方水利、交通等行政主管部门要求需要开展档案专项验收的，应同时满足相关要求。

8.2.2　项目档案验收组的组成

项目档案验收组织单位应成立项目档案验收组。

（1）由集团组织的建设项目档案验收，验收组由企业档案主管部门、工程建设管理部、项目所在地档案主管部门及有关单位等组成。各单位组织的建设项目档案验收，验收组由各单位档案部门、各单位基建归口管理部门、地方档案主管部门等单位组成。

（2）建设项目档案验收组人数为 5 人以上单数，其中，工程技术人员不少于 2 人，具有高级职称的人数不得少于总人数的 1/3，人员数量应与项目规模相匹配。验收组的组长由验收组织单位人员担任。

8.2.3　各单位验收管理职责

（1）各单位应协调配合地方档案主管部门或集团公司组织开展集团公司重大建设项目档案验收，并在验收后将验收意见报企业档案主管部门备案。

（2）各单位应制定本单位基本建设项目档案验收实施细则，明确纳入本单位组织档案验收的建设项目范围。

（3）各单位应每年初向企业档案主管部门报送建设项目档案验收计划，组织开展本单位建设项目档案验收，并将年度建设项目档案验收计划完成情况向企业档案主管部门备案。

（4）各单位应监督指导所属单位组织开展建设项目档案验收。

8.2.4　建设单位验收职责

建设单位是建设项目档案验收工作的责任主体，应当及时提交建设项目档案验收申请、各类备查文件材料，并根据验收意见进行整改，形成验收意见落实整改报告。

8.3　建设单位档案验收依据及条件

8.3.1　验收依据

长江大保护项目档案验收根据《建设工程文件归档规范》（GB/T 50328）、《建设项目档案管理规范》（DA/T 28）、《科学技术档案案卷构成的一般要求》（GB/T 11822）、三峡集团《建设项目档案管理办法》、三峡集团《长江大保护项目文件收集与归档规范》及其他相关标准规范开展。

8.3.2　验收条件

（1）项目主体工程和辅助设施已按照设计建成，具备竣工验收条件；

（2）项目试运行指标考核合格或者达到设计能力；

（3）完成项目建设全过程文件材料的收集与归档工作；

（4）基本完成项目档案分类、组卷、编目等整理工作；

（5）组织验收前检查的建设项目，验收前检查意见已全部整改完成。

8.3.3　验收准备

（1）验收前自检。

建设项目档案验收前，建设单位应组织项目设计、施工、监理等方面负责人以及有关人员，根据表 8-1《建设项目档案自检评分标准》的验收内容及要求进行全面自检，形成自检报告，并针对问题进行整改。自检采取百分制评分，评分不合格的单位，不得提出项目档案验收申请。

表 8-1　建设项目档案自检评分标准

序号	验收项目	验收内容	验收备查材料	评分标准	标准分值
1	档案工作保障体系（20分）	建设单位认真履行对工程档案负总责的职责，在管理机构、人员配备、制度建设、明确职责、经费保障和设备设施配备等方面，为项目档案工作的开展创造了较好的条件，保障了项目档案工作的顺利进行		详见以下各小项内容	20分
1.1	组织保障（4分）	（1）明确有档案工作的分管领导	有关文件或岗位职责	达不到要求的不得分	2分
		（2）明确有档案工作机构或部门，并配有一定数量的专职档案管理人员	机构设置文件及部门、人员岗位职责和培训证明	未明确档案工作机构或部门的，酌扣0.3～0.5分；无专职档案管理人员，扣2分；档案专职人员至少有1名具有大专以上学历，并获得上级业务部门组织的档案专业技术培训证书，达不到要求的，酌扣0.5～1分	2分
		（3）建立了由建设单位负责，各参建单位组成的档案管理网络，并明确了相关责任人	网络图表和落实相关人员责任制的文件或依据	达不到要求的酌扣0.5～1分	1分

序号	验收项目	验收内容	验收备查材料	评分标准	标准分值
1.2	制度保障（5分）	（1）按"集中统一管理"的原则，建立了较完善的工程档案管理制度或办法，明确规定了各责任单位的职责与任务，并有相应的控制措施	建设单位制定的相关制度、办法	（1）未建立制度的，不得分；（2）制度要求有重大缺、漏项的，酌扣0.5～1分	2分
		（2）制定了项目文件材料的归档范围和保管期限表	归档范围与保管期限表	（1）无此制度的不得分；（2）归档范围已涵盖工程项目建设管理过程中的各类应归档文件材料，且保管期限划分准确，有明显缺陷或不足的，酌扣0.2～0.7分	1分
		（3）制定了较实用的档案分类方案和整编细则等用于档案整编的相关制度或工作规范	相关文件	（1）无相关制度的不得分；（2）制度达不到要求或有明显缺陷的，酌扣0.2～0.7分	1分
		（4）制定了档案接收、保管、利用、安全及统计等内部工作制度	相关制度、办法	（1）无相关制度的不得分；（2）档案内部管理制度不全或有明显缺、漏项的，酌扣0.2～0.7分	1分
1.3	经费保障（2分）	建设单位已将档案工作所需的各项业务经费，列入工程总概算或年度经费预算，并能满足档案工作的需要	有关凭证性材料	（1）虽未列有专项经费，却能较好地解决档案业务工作所需经费，可酌扣0.2～0.5分；（2）因经费原因已影响到档案工作的正常开展，或已造成一定后果的，酌扣0.5～2分	2分
1.4	设备设施保障（2分）	（1）有符合安全保管条件的专用档案库房	实地检查	无档案专用库房的不得分；存在一定差距的，酌扣0.2～0.8分	1分
		（2）办公与库房的设备设施及档案装具能满足工作需要	实地检查	（1）办公与档案保管条件存在明显差距的不得分；（2）存在一定差距的，酌扣0.2～0.8分	1分

序号	验收项目	验收内容	验收备查材料	评分标准	标准分值
1.5	各项管理制度或措施的贯彻落实与实施情况（7分）	（1）签订有关合同协议时，同时提出归档要求	相关合同协议	不符合要求不得分；存在一定问题酌扣0.2～0.7分	1分
		（2）检查工程进度、质量时，同时检查工程档案资料的收集、整理情况	检查工作文件或记录	不符合要求的不得分，存在一定差距的，酌扣0.2～0.7分	1分
		（3）项目成果评审、鉴定或项目阶段与完工验收，同时检查或验收相关档案	验收文件	不符合要求的不得分，有一定差距的，酌扣0.2～0.7分	1分
		（4）建设单位对设计、施工、监理等参建单位的档案收集、整理工作进行监督指导	有关证明材料	不符合要求的不得分，存在一定差距的，酌扣0.2～0.7分	1分
		（5）档案部门或档案人员对本单位各业务部门或所属分支机构的档案收集、整理、归档工作进行监督指导	有关证明材料		1分
		（6）纳入工程质量管理程序	相关制度和记录		1分
2	应归档文件材料质量与移交归档 *（70）	应归档文件材料的内容已达到完整、准确、系统；形式已满足字迹清楚、图样清晰、图表整洁、标注清楚、图纸折叠规范、签字手续完备；归档手续、时间与档案移交符合要求		详见以下各小项内容	70分

序号	验收项目	验收内容	验收备查材料	评分标准	标准分值
2.1	文件材料完整性（24分）	（1）建设前期工作文件材料（含设计及招、投标等文件材料）	归档范围与归档目录和档案实体	按照《建设项目档案管理规范》（DA/T 28）、《水电建设项目文件收集与档案整理规范》（DL/T 1396）、《火电建设项目文件收集与档案整理规范》（DL/T 241）、《风力发电企业科技文件归档与整理规范》（NB/T 31021）、《建设工程文件归档规范》（GB/T 50328）等标准所列文件材料归档范围进行检查。存在缺项的，所缺项不得分；各项内存在不完整现象的，每发现一处，酌扣0.2~0.5分；重要阶段、重大事件和事故，必须要有完整的声像材料，无声像材料的，相关项不得分；重要声像材料不齐全的，酌扣0.5~1分	2分
		（2）建设管理文件材料（含移民管理工作相关材料）			4分
		（3）施工文件材料			5分
		（4）监理文件材料			2分
		（5）工艺、设备文件材料			1分
		（6）科研项目文件材料			1分
		（7）生产技术准备、试生产文件材料			1分
		（8）财务、器材管理文件材料			1分
		（9）验收文件材料（含阶段、专项、竣工）			2分
		（10）完成项目总平面图与综合管线竣工图的编制工作			1分
		（11）声像材料			2分
		（12）监理单位对施工单位提交的工程档案内容与质量提交专题审核报告	相关材料	无专题审核报告不得分，内容不全的，酌扣0.2~0.5分	1分
		（13）电子文件材料	电子档案数据与相关文件材料	无电子文件材料归档的，不得分；缺少重要电子文件材料的，酌扣0.2~0.5分	1分

序号	验收项目	验收内容	验收备查材料	评分标准	标准分值
2.2	文件材料的准确性（32分）	（1）反映同一问题的不同文件材料内容应一致	已归档文件材料	如发现存在不一致现象的，每发现一处，酌扣0.2～0.5分	3分
		（2）竣工图编制规范，能清晰、准确地反映工程建设的实际。竣工图图章签字手续完备；监理单位按规定履行了审核手续	检查竣工图	竣工图如有模糊不清、不准确（应改未改或改动不完整），未标注变更说明、审核签字手续不全等现象，每发现一处，酌扣0.2～0.4分；如发生结构形式、工艺、平面布置等重大变化，未重新绘制竣工图或有较大变化未能如实反映的，每项酌扣0.5～1分	8分
		（3）归档材料应字迹清晰，图表整洁，审核签字手续完备，书写材料符合规范要求	检查卷内已归档的文件材料	归档材料存在字迹不清、破损、污渍、缺少审核签字等不能准确反映其具体内容的，每发现一处，扣0.2分	4分
		（4）声像、实物等非纸质文件材料应逐件、逐盒（盘）标注事由、时间、地点、人物、作者等内容	检查实体档案整编情况	归档材料存在标注不符合要求的，酌扣0.3～2分	4分
		（5）案卷题名简明、准确；案卷目录编制规范，著录内容详实	检查案卷标题与案卷目录的编制情况	无案卷目录的，不得分；案卷目录编制存在一定问题的，酌扣0.2～2分	4分
		（6）卷内目录著录清楚、准确；页码编写准确、规范	检查卷内目录	案卷内无卷内目录的，不得分；卷内目录编制存在一定问题的，酌扣0.2～2分	4分
		（7）备考表填写规范；案卷中需说明的内容均在案卷备考表中清楚注释，并履行了签字手续	检查备考表	案卷内无备考表的，不得分；备考表中存在一定问题的，酌扣0.2～0.5分	1分

序号	验收项目	验收内容	验收备查材料	评分标准	标准分值
2.2	文件材料的准确性（32分）	（8）图纸折叠符合要求，对不符合要求的归档材料采取了必要的修复、复制等补救措施	检查案卷文件材料	有不符合要求的，每发现一处，酌扣0.2分	2分
		（9）案卷装订牢固、整齐、美观，装订线不压内容；以件为单位装订时，应在每份文件首页右上方加盖、填写档号章；案卷中均是图纸的可不装订，但应逐张填写档号章	检查案卷	案卷装订存在一定问题，或未装订文件缺少档号章的，每发现一处，酌扣0.2分	2分
2.3	文件材料的系统性（10分）	（1）分类科学。依据项目档案分类方案，归类准确，每类文件材料的脉络清晰，各类文件材料之间的关系明确	分类方案与案卷分类情况	无档案分类方案的，不得分；分类方案存在一定问题的，酌扣0.5～1分	3分
		（2）组卷合理。遵循文件材料的形成规律，保持文件之间的有机联系，组成的案卷能反映相应的主题，且薄厚适中、便于保管和利用	检查案卷组织情况	未按要求进行组卷的，不得分；存在一定问题的，酌扣0.5～2分	4分
		（3）排列有序。相同内容或关系密切的文件按重要程度或时间循序排列在相关案卷中；反映同一主题或专题的案卷相对集中排列	检查案卷与卷内文件的排列情况	案卷无序排列的，不得分；排列中存在不规范现象的，酌扣0.2～2分	3分

续表

序号	验收项目	验收内容	验收备查材料	评分标准	标准分值
2.4	文件归档（4分）	（1）建设单位各职能部门和相关工程技术人员能按要求将其经办的应归档的文件材料进行整理、归档。归档文件材料的制成材料符合耐久性要求	各类档案归档情况目录	建设单位各部门按年度或阶段归档情况；如有延误或未归档现象的，酌扣0.2～0.6分	1分
		（2）各参建单位按单位工程或单项工程向建设单位移交了相关工程档案，并认真履行了交接手续	移交目录	建设单位尚未接收各参建单位移交档案的，不得分；存在档案移交不全或缺少移交手续的，酌扣0.5～2分	3分
3	档案接收后的管理（10分）	档案管理工作有序，并开展了档案数字化工作，且取得一定成效；为工程建设与管理工作提供了较好的服务		详见以下各小项内容	10分
3.1	档案保管、统计（2分）	（1）档案库房与阅览、办公用房分开。档案柜架标识清楚、排列整齐、间距合理；馆（室）藏档案种类、数量清楚，并按期报送有关档案年报	实地检查库房及档案台账、交接单、报表等	（1）档案库房与阅览、办公用房未分开或者无档案柜架标识或档案数量统计台账和年报的，不得分；（2）在档案柜架摆放、标识或档案统计等方面存在一定问题的，酌扣0.2～0.6分	1分
		（2）档案柜架、卷盒、卷皮等档案装具符合标准要求。定期对档案保管状况进行检查，落实库房防火、防盗、防光、防水、防潮、防虫、防尘、防高温等措施，确保档案安全。采取有效措施保证档案实体和信息安全	检查工作记录和库房观测记录	（1）档案装具不符合标准要求，未落实库房安全管理措施或存在明显安全隐患的，不得分；（2）库房管理存在一定问题的，酌扣0.2～0.6分；（3）档案实体和信息安全有漏洞，酌情扣0.2～0.5分	1分

续表

序号	验收项目	验收内容	验收备查材料	评分标准	标准分值
3.2	档案利用（3分）	（1）有档案检索工具	检索工具	（1）无检索工具的不得分；（2）达不到要求的，扣0.5分	1分
		（2）开展多种形式的档案利用工作，且取得一定效果	提供利用情况及利用效果反馈记录	未开展档案利用工作或无利用效果登记的，酌扣0.5～1分	1分
		（3）积极开展档案编研工作。编有工程项目简介、工程建设大事记、科研成果简介或汇编、有关专题介绍和主要基础资料汇编等档案编研成果	编研成果	（1）无编研成果的不得分；（2）编研成果数量不足或质量不高的，酌扣0.2～0.8分；（3）有3项以上编研成果，且均发挥重要作用的，可得满分	1分
3.3	档案信息化（5分）	（1）开展了档案全文数字化工作，并已在档案统计、提供利用等工作中发挥重要作用	档案数字化情况	传统载体档案数字化比例80%以上的满分；50%以下的酌减0.5～1分；未数字化不得分	2分
		（2）积极应用集团公司数字档案馆系统进行项目档案管理和利用	数字档案馆系统应用情况	应用集团公司数字档案馆系统对案卷目录、文件目录和全文等数据进行有效管理的，可得3分；如存在一定差距的，可酌扣0.2～1分。未应用集团公司数字档案馆系统的，不得分	3分
合计得分：					

注：第2部分"应归档文件材料质量与移交归档工作"必须达到60分，否则为不合格。

（2）验收前检查。

1）集团组织的建设项目档案验收，档案验收前检查由企业档案主管部门会同工程建设管理部组织。验收前检查的程序及内容参照正式验收。

2）各单位组织的建设项目档案验收，可根据项目规模和实际需要组织开展验收前检查。

8.4 建设单位档案验收申请

建设单位在全面完成自检、验收前检查指出问题的整改基础上，向各单位或通过各单位向集团公司提出项目档案验收申请，并报送建设项目档案验收申请报告、建设项目档案验收申请表。基本建设项目档案验收申请表见表 8-2。

表 8-2　基本建设项目档案验收申请表

项目名称			
核准单位		立项日期	
投资规模		建设时间	
建设单位		设计单位	
主要施工单位		主要监理单位	
计划档案验收日期		计划竣工验收日期	
联系人		联系电话	
地址		电子邮箱	
申请单位自查意见	（单位盖章） 　年　月　日		
验收组织单位意见	（单位盖章） 　年　月　日		

8.4.1　项目情况汇报材料

（1）项目简介。内容包括项目建设依据、规模、规程等。

（2）项目完成情况。内容包括项目建设完成和调整情况。

（3）项目质量情况。内容包括项目质量评审结论及试运行等情况。

（4）需汇报的其他情况。如环保、消防、人防、劳动安全卫生单项检查、验收情况等。

8.4.2　项目档案工作情况汇报材料

（1）项目档案管理概况。包括项目档案工作的基本情况、项目档案的分类和数量，开展阶段档案验收的，还应包括阶段档案验收的范围。

（2）保证项目档案完整、准确、系统、安全所采取的控制措施。

（3）项目文件材料的形成、收集、整理与归档情况，竣工图的编制情况及质量情况。

（4）档案在项目建设、管理、试运行中的作用。

（5）存在的主要问题和解决措施等。

建设项目档案验收组织单位应在收到建设单位档案验收申请材料的 10 个工作日内完成材料审核并作出回复，并根据项目规模和档案数量合理安排验收时间。

8.5　建设单位档案验收开展与验收意见

8.5.1　验收程序

（1）建设项目档案验收采取召开验收会议听取汇报、工程现场踏勘、抽查档案案卷质量及佐证材料等方式进行。

（2）建设项目档案验收会议包括首次会和末次会。项目档案验收组全体成员参加项目档案验收会议，项目的建设单位（法人）、设计、施工、监理和生产运行管理或使用单位的有关人员列席会议。

（3）建设项目档案验收首次会的主要议程包括：

1）建设单位（法人）汇报项目建设概况、项目档案工作情况；

2）监理单位汇报项目档案质量的审核情况；

3）主要施工单位汇报项目档案工作情况；

4）专家质询。

（4）建设项目档案验收末次会的主要议程包括：

1）项目档案验收组对项目档案情况进行综合评价；

2）项目档案验收组宣布项目档案验收意见；

3）建设单位表态发言。

验收组专家在抽查案卷过程中应形成档案验收专家意见表（见表 8-3），抽查的建设项目档案数量应不少于 100 卷。

表 8-3　档案验收专家意见表

基本建设项目名称：	
查验内容：	
综合评价：	
存在问题：	（可另附纸）
建议：	（可另附纸）
验收组成员签字：	日期：

8.5.2　验收意见

（1）形成验收意见。

建设项目档案验收结果分为合格与不合格，验收组半数以上成员同意通过验收的为合格。项目档案验收合格的项目，由项目档案验收组出具项目档案验收意见。

建设项目档案验收意见由验收组织单位在验收会议结束后正式印发。

（2）验收意见的内容。

建设项目档案验收意见的主要内容包括：

1）项目建设概况。

2）项目档案管理情况。包括：项目档案体制机制、机构设置、管控措施等基础性管理工作情况，项目文件材料的形成、收集、整理与归档情况，竣工图的编制情况及质量，档案的种类、数量，档案的齐全性、完整性、准确性、系统性及安全性评价，档案验收的结论性意见。

3）存在问题、整改要求与建议。

8.5.3　验收意见的整改落实

（1）建设项目档案验收合格但在验收过程中指出存在问题的，建设单位应根据建设项目档案验收意见，对验收组专家提出的问题及意见进行限期整改落实，根据整改落实情况形成整改落实报告，附佐证材料报验收组织单位审查。

（2）建设项目档案验收不合格的，由验收组提出整改意见，建设单位于项目竣工验收前进行限期整改。整改完成后，向验收组织单位提交整改落实报告，附佐证材料报验收组织单位审查。验收组织单位审查合格后，进行建设项目档案验收复验，复验的程序与验收程序一致。

（3）复验后仍不合格的，由建设项目档案验收组织单位提请有关部门对建设单位进行通报批评。

（4）地方档案主管部门组织的重大建设项目档案验收，各单位将整改落实情况（附佐证材料）报集团企业档案主管部门备案，企业档案主管部门对整改落实情况进行抽查。

第 9 章
档案知识化场景应用

9.1 项目档案知识化管理与服务

9.1.1 档案管理历程

　　档案管理是一项历史悠久的管理活动，从保管的内容与形式来看，大体分为实体管理、信息管理和知识管理等三个阶段的发展演变过程。

　　第一阶段：档案实体管理阶段，主要是对在生产实践活动中所产生的原始实体状态档案资料进行的管理工作，主要包括档案文件材料的收集、分类、整理、鉴定、保管、编研及存储等内容。

　　第二阶段：信息管理阶段，就是利用现代信息网络系统技术手段实现馆藏档案数字化管理、电子文档一体化管理、信息利用网络化管理，是企业档案管理数字化转型的必然选择。

　　第三阶段：知识管理阶段，其实质是针对社会对信息的需求进行分析研究，能够在最需要的时间将最需要的知识传递给最需要的人，以便帮助人们获取有效的信息知识，并将其获得的信息知识服务于科技活动中，从而达到为社会创造出更大经济效益的目的。

9.1.2 项目档案知识化管理的必要性

　　项目档案作为企业生产经营活动的真实记录，是一种基础性信息资源，必将成为促进企业发展进步的重要力量。传统的项目档案管理更多地注重档案保管控制，档案的利用率很低，具备查据凭证的功能，主要是进行档案收集、整理、鉴定、保管、统计以及提供利用等管理工作。随着市场经济的不断发展，知识和信息的重要作用也逐渐显现，传统的档案管理模式已经不能适应时代需求，将知识管理灵活运用于档案管理活动当中，也是新时期企业项目档案发展的现实要求。

项目档案知识化管理，是一种符合新时期企事业单位档案馆发展的全新管理理念，即将知识管理理论与档案工作实际相结合的管理思想和方法。其目的就是要通过对档案信息资源静态的显性知识和人们在科研生产过程中大脑所形成的隐性知识，进行收集、筛选、分类、整理与编研，并在动态知识库体系中进行存储、传播和应用，为利用者提供最有效的知识共享平台，为单位创造出更大的经济效益。

9.1.3 项目档案知识化服务的必要性

档案知识服务就是指档案部门将档案利用的着眼点从为用户提供初级的档案转向为用户提供高级的知识，以满足用户的知识需求，帮助用户解决问题的一种创新性智力活动。档案知识服务要求档案人员从被动的保管和提供基础利用，转向以用户为中心，主动提供档案知识服务，以满足用户的知识需求。档案知识服务是新形势下档案管理模式的重要环节，是档案开发利用工作的发展方向和研究重点。

企业化进程中的知识需求是开展档案知识。当前，国家正在全面深化体制机制改革，以"企业化、市场化"为改革方向，力求将一大批具有突出实力的中央企业打造成具有创新能力和国际竞争力的国有骨干企业。在竞争日益激烈形势下，企业在内部管理和对外发展方面对多维知识的全面掌握和快速获取有更加迫切的需求，对档案服务的精准、高效、便捷程度要求不断提高。开展档案知识服务，满足现代化企业所对档案知识的快速有效获取，是档案工作顺应改革潮流的必然趋势。

9.1.4 档案知识服务的实施途径

档案知识资源体系梳理。档案知识服务的首要前提是进行档案知识化管理，即对档案资源进行梳理和知识价值界定，进而从档案中抽取并应用知识，实现从档案到知识的有效转换。

人工智能在档案大数据中的应用。将人工智能技术应用于档案数据资源管理各个环节，研究通过应用自然语言处理、模式识别和深度学习等相关技术，对数字档案信息资源进行智能分类；建立档案价值鉴定专家系统，辅助开展档案鉴定工作；应用数据挖掘技术，对利用者的行为进行深度挖掘，及时准确地掌握利用者的个性化信息需求，按角色、岗位等建立档案知识地图，实现以用户为中心的智能化档案知识推送服务。

档案知识服务平台建设及应用实现。基于档案知识资源梳理和档案知识服务模式的确立，将档案知识资源数据化、数据模型化，并依托人工智能和大数据技术，从数据源、网络层、数据中心、数据层、应用层、展示层等方面统筹规划档案知识服务平台整体架构，明确推荐类型和展现形式，建设档案知识服务平台；开展试点应用，探索实现基于工作岗位、业务活动、行为习惯等要素和个性化需求开展智能化档案知识推送，为用户提供知识支撑、工作指导、决策支持等方面的精准服务能力。

9.1.5　开展档案知识服务的注意事项

转变服务理念，提供主动服务。由于档案资源本位思想、主动服务意识不足、利用手续繁琐等因素，增加了用户获取有效知识的难度，导致档案利用效果和用户满意度不高。以改革为契机，项目档案工作部门可以抓住机遇，大有作为，变被动服务为主动服务，提供知识服务，体现档案价值，有助于实现档案工作水平的快速提升。

加强学科合作，组建人才团队。档案知识服务不能仅靠档案部门一己之力，此项工作涉及科研管理、信息技术、知识管理、档案管理等多个领域，交叉学科研究对研究人员素质要求比较高，多领域知识融合也是工作开展的难点。因此要加强学科合作，组建人才团队，抽选档案人员、具有人工智能研究基础的专业技术人员、信息系统开发和管理人员等参与研究，利用项目组在多个领域的知识储备，优势互补，共同推进。

借助实施平台，提升用户体验。档案知识服务的建设实施过程需要较多资金投入，仅靠数字档案馆（室）建设推进知识服务的关注度和效果难以保障。为加强知识积累和激发创新，集团公司开展了知识管理或服务平台建设，建议档案部门借助整体性平台，将档案知识服务建设纳入其中，实现系统集成和数据共享，既可以实现档案知识服务，也可以助力整体知识服务平台，提升用户使用体验。

9.2　项目档案编研与利用

9.2.1　总体要求

（1）应围绕自身发展和档案资源的积累与建设，树立企业资产管理与业务发展到哪里，档案管理就延伸到哪里的理念。

（2）在维护国家和集团公司企业利益以及遵守保密规定的前提下，档案管理部门要大力开发档案信息资源，促进档案信息资源的利用和共享，充分发挥档案在国有资产保值增值的重要作用。

（3）档案部门对项目档案信息资源进行多角度、深层次的开发和继承，主动为企业领导决策和企业发展提供档案信息服务。

（4）建立档案利用服务效果反馈机制和评价体系，在企业知识管理、信息管理、数据挖掘等先进管理理念和技术方法的运用中，充分发挥档案的信息资源价值，促进档案信息向企业现实生产力和竞争力的转化。

9.2.2　项目档案编研

建设单位应对现有档案信息资源进行综合加工和深度开发，探索创新档案服务企业内部管理、企业形象宣传等工作的途径和方式，不断拓展档案为企业现实工作服务的新形式和新内容。建设单位应根据项目建设和运行管理的需要编制必要的编研材料，如专题文件汇编、项目大事记、常用图集、专题研究等。

9.2.3　项目档案利用

9.2.3.1　利用要求

（1）建设单位应编制必要的目录、卡片、索引等检索工具，编辑档案文件汇集和各种参考资料。利用档案应按规定履行相应的程序并进行登记，记录利用情况和效果。在建设项目业务部门集中保管期间，应登记借阅利用情况，记载利用效果、所解决和未能解决的问题，促进完善文件材料收集工作。

（2）建设单位应建立健全档案借阅利用制度，根据档案的密级、内容和利用方式，规定不同的利用权限、范围和审批程序。利用者应在权限允许范围内对档案进行检索和利用，未经授权不得擅自复制。

（3）建设单位根据需要和可能可多保存一套重复份或复印件，以保证档案的安全和方便利用。一般以数字副本代替档案原件提供利用，档案原件原则上不带出档案室。利用档案原件一般在阅览室查阅，并反馈利用效果。

9.2.3.2　利用方式

按照服务设施和方法，档案利用可以分为档案阅览服务、档案外借服务、制发档案复制本、出具档案证明、提供咨询服务、印发档案目录。

（1）档案阅览服务。开展档案阅览服务要做好条件准备，设置阅览室、配备必要阅览设施，准备检索工具、工具书、参考资料等。

（2）档案外借服务。档案外借利用中，将档案提供给本单位的领导和有关部门的情况较多，档案借阅要履行审批手续，做好借阅档案的借出和归还的检查和登记工作。为保证安全，借出时间不宜过长，要及时催还。

（3）制发档案复制本。根据利用者合理需要，以档案原件为依据，制发档案副本或摘录本并提供给利用者，为确保复制无误，并避免利用者再行复印，档案复制本必须和档案原件细致校核，注明材料出处并加盖公章。

（4）出具档案证明，是指根据有关利用者询问和申请结合档案中记载情况，有无记载及如何记载而出具书面证明材料的一种服务方式。利用者必须客观引述材料或准确综合材料不能擅自对档案进行解释或作出结论，编写的证明材料应对照原文细致校核，注明材料出处并加盖公章。

（5）提供咨询服务，按照档案咨询的难易程度可划分为一般性咨询和专题咨询。一般性咨询是针对利用者在利用档案中提出问题进行解答服务，如档案工作基本情况、利用档案的规章制度、所藏档案的内容和成分等；专题性咨询是指为解决利用者急需完成的任务或专题而提供的服务，往往要求系统地提供有关的档案材料，这种服务针对性强、涉及面广、发掘程度深、档案数据需求量高，需要与利用者充分沟通，共同研究制定方案，有计划有重点地查找档案才能取得成效。

（6）印发档案目录，档案部门可将本单位的工作、科研等活动相关的档案目录主动印发给有关领导及业务部门，使他们能够及时了解可资利用的档案情况，引导档案用户顺利查档，充分发挥档案的价值和作用。

当前，在信息化环境下，档案利用发生了明显的变化，档案数字复制件或电子文件成为档案利用的主要对象，网络成为档案利用的主要媒介，浏览下载、打印成为档案利用的主要方式等，不过上述传统的档案利用方式仍旧具有很强的现实意义，尤其是各种利用方式的制度管理要求，可以被新的利用方式继承和发扬。

档案信息化水平的提升和资源建设为档案知识服务奠定坚实基础。集团公司通过数字档案馆建设，应用智能检索技术，提高档案资源检索效率，实现了档案业务信息化管控和电子文件归档。随着"增量电子化"和"存量数字化"工作的持续开展，规模化、系统化的数字档案资源逐渐形成，拓展了未来档案服务的深度和广度，为档案知识服务的开展提供了坚实的基础保障。

9.3 项目档案知识化应用

为满足集团公司战略目标和业务发展需要，促进管理和业务创新，提升项目档案价值，可制定与发展战略相匹配的项目档案知识化战略步骤。

9.3.1 筹备（识别、准备、采购）、建设、运营阶段

（1）备以查考，为日后问题处理、责任追究和科研攻关提供基础性支撑。项目档案是项目行政管理的查考凭证，作为记载施工情况的一手材料，是企业日后查考备阅珍贵的知识资产，能够真实、准确、完整、系统地记录和反映施工验收的全过程，可为以后工程项目建设与管理提供参考借鉴。

（2）权益保障，可快速完成项目审计和政府账款回收。项目档案是维护企业利益的重要手段，为工程签约、索赔、结算、核算等经济活动提供基础性依据资料，是项目审计、运维绩效评价必备资料，可有效节省工程成本。

（3）宣传素材，可作为项目及公司宣传的素材。项目档案是企业宣传教育生动素材，项目管理过程中形成大量生动有代表性的实物、音频、视频、照片，可为企业品牌建设发挥重要作用。

9.3.2 开发利用协同服务

开发利用建设项目档案信息资源是档案提供利用工作的拓展和深化，是项目档案知识化应用的途径之一。

（1）开发利用环境保护档案信息资源。

加强建设项目生态环境保护档案的科学管理，规范建设项目生态环境保护档案工作，是长江大保护工作服务于生态环保事业发展的需要。建设单位应全面收集与积累建设项目环境影响评价、设计、施工、竣工、运行、服务期满后等主要工作阶段形成的文件材料，并根据环境保护工作实际需要，对现有档案信息资源进行综合加工和深度开发，为环境保护工作提供服务。

（2）开发利用科研档案信息资源。

科研档案是科研活动的真实记载，是一项重要的信息资源和知识宝库。各单位要大力开发科研档案信息资源，面向单位领导、科研人员、面向社会，为经济建设、科技进步和技术市场服务；加强横向联系，可试行在全集团范围内建立科研档案目录中心，开展科研档案信息交流，为领导决策和科研人员进行科学研究及时提供信息和科学依据。

（3）开发利用档案人才专业信息资源。

一是充实档案工作人员队伍。应根据企业规模、企业所承担各类项目的重要程度和数量、档案部门所承担的职责、保管档案的数量、档案的开发利用、档案的信息化建设、企业所属单位和分支机构的数量等因素，合理配备档案工作人员，原则上应配有档案专业或相关专业本科以上学历人员。

二是加强档案人员业务培训。应加强非档案专业人员从事档案工作的上岗培训、基层档案人员业务技能培训、现代信息资源管理理论与信息技术知识培训、项目档案管理

与验收等培训工作，逐步提高档案人员的业务素质。应鼓励非档案专业人员接受档案专业在职教育和培训，支持档案人员申请评聘档案专业技术职务和职称，培育一支高水平的中央企业档案专业人才队伍。

三是加大档案工作业务交流。建立档案工作协作组，组织档案人员开展业务学习和交流活动，加强业务和学术交流。通过各公司之间、各项目之间的档案业务研讨与交流，不断提高集团公司档案工作的整体水平。

9.4　三峡集团项目档案知识化场景应用模式与实践

一是助力共抓长江大保护业务拓展。2018 年 4 月 26 日，习近平总书记在深入推动长江经济带发展座谈会上指出，"三峡集团要发挥好应有作用，积极参与长江经济带生态修复和环境保护建设"。党和国家赋予三峡集团在共抓长江大保护中发挥骨干主力作用的崇高使命。长江大保护项目具有"模式新、总量大、周期长、范围广、主体多、专业杂"等特点，相关项目档案管理工作经验少、难度大。

为提升长江大保护项目档案管理水平，保障长江大保护项目档案收集完整、准确、系统、规范、安全，2019 年三峡集团围绕长江大保护项目"投 - 建 - 运"一体化管理模式，依托所属长江环保集团开展《长江大保护项目档案管理体系构建及创新发展研究》国家档案局科技项目课题研究，形成《长江大保护项目文件收集与归档规范》等多项研究成果，为长江大保护项目档案工作提供了理论与制度依据。2023 年，档案中心按照党中央和集团党组大兴调查研究的重大决策部署，以《长江大保护项目档案管理现状调研》为主题，深入长江沿线 9 个长江大保护项目一线开展调研，与沿线省（市）档案局、城建档案馆开展座谈、交流，全面掌握长江大保护项目档案管理现状，厘清档案管理"难点""痛点"，寻求破解之道，形成体制机制建设、监督指导、业务能力提升等相关成果。

二是深化档案资源发掘，助力城市管网系统提供服务保障。将管网数据融入区域发展规划、长江大保护项目主流业务中，管网数据时效性较强，准确、完整的管网数据是城市混错接改造、雨污分流、地下管线迁改等工程开展的科学依据，有利于整合管线资源、降低管线事故发生率。管网普查形成的数据能够维系甚至开创更多协同服务项目，在高效管网运维、针对性管网修复、提高污水厂进水浓度等具有积极意义。管网数据平台可以有效解决服务碎片化问题，为市政排水监管工作提供了强大信息支撑，为城市应急指挥、抢险系统提供数据支撑和依据，提高决策效率，服务城市管理。

以三峡集团宜昌市主城区污水厂网、生态水网共建项目二期 PPP 工程（简称宜昌二期项目）为例。一方面，宜昌二期项目智慧水务工程充分利用已有信息化资源，整合涉水数据资源，挖掘数据潜项目智慧水务工程，拟对宜昌市水务基础数据、监测数据和业务管理数据进行全面梳理与整合，汇集宜昌市主城区的涉水数据资源，提供水务管理的信息资源访问以及资源共享服务，强化资源高效利用，为宜昌市开展政府管理、决策工作提供更加精细、科学的数据依据，助力提升城市管网管理水平。另一方面，宜昌二期项目建设前端感知监测体系、数据资源、支撑平台、软件应用系统的开发，形成宜昌市智慧水务标准规范体系，运用大数据分析、云计算、人工智能等技术提升生态环境科学决策水平，加强政府各部门水生态环境建设的相关数据资源整合、交换共享和业务协同，推动宜昌市智慧水务从信息化向现代化转变，为落实数字中国、智慧宜昌建设、强化政府监管工作要求提供强力支撑。如通过智慧工地图像视频数据集建设。数据集分为人体姿态、工种、施工设备、安全防护用品、限制区域等类别，通过声像文件分析，为相关质量、进度、安全、投资管理提供知识化支撑。宜昌二期项目智慧工地声像文件收集如图 9-1 所示，宜昌二期项目声像文件知识化应用效果图如图 9-2 所示。

图 9-1　宜昌二期项目智慧工地声像文件收集

图 9-2　宜昌二期项目声像文件知识化应用效果图

附　录

附录 A　长江大保护项目档案分类、归档范围和保管期限表

类别	归档文件	文件形成单位 / 责任者						保管期限
		建设单位	设计单位	施工单位	监理单位	运营单位	政府有关单位	
项目前期文件（A 类）								
A1	**项目识别**							
1	项目初步实施方案及审批文件						▲	永久
2	项目规划报告书、选址意见书、报批文件及审批文件						▲	永久
3	项目建议书委托书及合同协议、项目建议书的报批文件及审批文件、项目筹备文件						▲	永久
4	可行性研究报告、报批文件及审批文件						▲	永久
5	项目审批、核准、备案申请报告及批复						▲	永久
6	项目评估论证、咨询意见，包括实施方案借贷承诺评估、财政承受能力论证、物有所值分析报告等						▲	永久
7	项目变更调整文件、补充文件						▲	永久
8	项目纳入国家及地方项目库清单及审批文件						▲	永久
9	项目对接往来函件、合作建议书、意向书、备忘录、框架协议等						▲	永久
A2	**项目准备**							
1	参与项目的内部评估、研究、决策文件、调查资料、专家评审、法律意见书等						▲	永久
2	初步设计报告书、报批文件及审批文件						▲	永久
3	项目规划选址、环境影响、合理用能、地震安全、地质灾害、水土保持、洪水影响、排污口设置、消防、职业安全卫生、社会风险评估、消防、文物、林地、水资源、白蚁预防等专项报告、登记单及批复（备案）文件						▲	永久
4	水、暖、电、气、通信、排水等审批、配套协议						▲	永久

类别	归档文件	文件形成单位/责任者						保管期限
		建设单位	设计单位	施工单位	监理单位	运营单位	政府有关单位	
5	工程选址、地质、水文、岩土勘察报告，地质图，地形图，化验、试验报告，重要土、岩样及说明		▲					永久
6	地形、地貌、控制点、建筑物、构筑物及重要设备安装测量定位、观测监测记录		▲					永久
7	地下管网测绘文件、地形测量、拨地测量成果报告等		▲					永久
8	水文、地质、气象、地震等其他设计基础资料		▲					永久
9	勘察单位工程质量检查报告、质量登记书		▲					永久
10	建设工程勘察审查报告（合格书）		▲					永久
11	总体规划设计文件、初步设计和技术设计图纸及说明、初步设计批复文件及审查意见		▲					永久
12	设计文件，包括设计任务时间表、设计计算书、防雷装置核准书、工程质量检测报告（监督书、注册表）、设计委托书等		▲					永久
13	建设工程设计方案及审查意见、建设工程规划放线测量技术报告		▲					永久
14	施工图设计文件审查意见、设计图审查合格证、图纸会审记录、图纸会审意见等		▲					永久
15	施工图、施工技术要求、设计通知、设计月报、供图计划		▲					30年
16	勘察、设计中形成的其他文件		▲					30年
17	建设用地评估报告、用地申请报告及审批文件、红线图、行政区域图、坐标图						▲	永久
18	建设征地规划设计报告及审查意见						▲	永久
19	建设用地使用权出让挂牌文件、建设规划用地许可证及附件						▲	永久
20	国有土地使用权出让合同及其文件、国有土地使用证						▲	永久
21	征地补偿工作有关政策、办法						▲	永久
22	拆迁方案、拆迁评估文件						▲	永久
23	拆迁补偿资金计划、管理、审计文件						▲	永久

类别	归档文件	文件形成单位/责任者						保管期限
		建设单位	设计单位	施工单位	监理单位	运营单位	政府有关单位	
24	移民安置合同协议、安置实施文件						▲	永久
25	移民监理、移民安置验收文件等						▲	永久
26	建设前原始地貌、征地拆迁、移民安置音像材料						▲	永久
A3	**项目招采**							
1	联合体规划方案、审批等文件材料	▲						永久
2	联合体组建方案、审批等文件材料	▲						永久
3	政府方发布的项目招标招标公告、招标修改文件、招标补遗及答疑文件、资格预审文件						▲	永久
4	政府方发布的项目评标报告、定标文件						▲	永久
5	中标政府方项目的合同谈判纪要、合同审查文件、合同会签、批复文件、合同文本、股东投资协议、特许经营权协议、合同变更文件	▲						永久
6	中标通知书						▲	永久
7	投标书、资质材料、履约类保函（保证金证明）、委托授权书和投标澄清文件、修正文件	▲						永久
8	比选文件审查、审批、联合体评审大纲（比选邀请函、征询回函等）等相关文件材料	▲						30年
9	联合体协议	▲						永久
10	监理相关的招标采购文件	▲						永久
	项目执行文件（B类）							
B1	**项目建设**							
1	**项目管理文件**							
1.1	投资协议、股东协议、融资协议、保险合同、验资业务合同、融资相关文件	▲						永久
1.2	信贷或股份出资的往来文件、股权转让文件等	▲						永久
1.3	政府支付的补助、奖励性资料及相关文件						▲	永久

类别	归档文件	文件形成单位／责任者						保管期限
		建设单位	设计单位	施工单位	监理单位	运营单位	政府有关单位	
1.4	年度绩效考核报告、中期评估报告、验资报告、资金监管文件						▲	永久
1.5	项目建设管理组织机构成立、调整文件	▲						永久
1.6	建设单位、参建单位项目负责人工程质量终身责任承诺书、法定代表人授权书	▲						永久
1.7	项目管理人员任免文件	▲						永久
1.8	项目各项管理制度、规程、规范、标准及质保体系文件	▲						永久
1.9	投资、进度、质量、安全、环保等计划、实施、调整、总结文件、重大设计变更申请、审核及批复文件	▲						永久
1.10	贷款融资、工程概算、预算、差价管理文件	▲						永久
1.11	竣工结算、竣工决算文件、审计文件	▲						永久
1.12	合同中间结算审核及批准文件	▲						永久
1.13	财务计划及执行、年度计划及执行、年度投资统计、商业发票	▲						30年
1.14	交付使用的固定资产、流动资产、无形资产、递延资产清册	▲						永久
1.15	项目施工、档案管理通知、通报等日常管理性文件、一般性来往函件	▲						30年
1.16	质量、安全、环保、文明施工等专项检查考核文件	▲						30年
1.17	工程质量监督书、工程质量监督注册表、施工安全生产监督申报书	▲						永久
1.18	项目管理重要会议文件	▲						30年
2	**施工监理文件**							
2.1	监理项目部组建、印章启用、监理人员资质，总监任命及变更文件				▲			永久
2.2	监理大纲、监理规划、监理实施细则				▲			永久
2.3	施工单位资质报审，施工管理人员、特种作业人员报审，施工设备仪器报审				▲			永久

类别	归档文件	文件形成单位 / 责任者						保管期限
		建设单位	设计单位	施工单位	监理单位	运营单位	政府有关单位	
2.4	施工组织设计、施工方案、专项措施报审，施工计划进度、延长工期报审，开工、复工报申，开工令、暂停令、复工令				▲			永久
2.5	原材料、构配件、设备报验				▲			永久
2.6	单元工程检查及开工签证、分部分项工程质量验收，混凝土开盘鉴定（开仓签证）、混凝土浇灌申请批复				▲			永久
2.7	监理检查、复检、实验记录、报告				▲			30年
2.8	旁站记录、见证取样、平行检验、抽检文件，质量缺陷、事故处理、安全事故报告				▲			永久
2.9	测量控制成果报验及复核文件，质量、施工文件等检查报验，质量检查评估报告、阶段验收、竣工验收监理文件				▲			永久
2.10	工程计划、实施、分析统计、完成报表				▲			30年
2.11	工程计量、支付审批、工程变更审查、索赔文件				▲			永久
2.12	监理通知单、回复单、工作联系单，来往函件				▲			永久
2.13	监理例会、专题会等会议纪要、备忘录				▲			永久
2.14	监理日志、月报、年报				▲			30年
2.15	监理工作总结、质量评估报告、专题报告				▲			永久
2.16	监理工作音像材料				▲			永久
3	设备监造文件							
3.1	监造项目部组建、印章启用、监造人员资质，总监任命及变更文件							
3.2	监造大纲、监造规划、监造实施细则				▲			永久
3.3	设备制造单位质量管理体系报审，设备制造的计划、延长工期报审，开工、复工报审，工艺方案、控制节点、检验计划报审				▲			永久
3.4	原材料、外购件等质量证明文件报审，分包单位资格报审文件，试验、检验记录及报告				▲			永久
3.5	开工令、暂停令、复工令				▲			永久

类别	归档文件	文件形成单位 / 责任者						保管期限
		建设单位	设计单位	施工单位	监理单位	运营单位	政府有关单位	
3.6	监造通知单、回复单、工作联系单，来往函件				▲			30年
3.7	变更报审				▲			永久
3.8	关键工序、零部件旁站记录、见证取样、平行检验、独立抽检文件				▲			永久
3.9	质量缺陷、事故处理、安全事故报告				▲			永久
3.10	设备制造支付、造价调整、结算审核、索赔文件				▲			永久
3.11	监造例会、专题会会议纪要、备忘录，来往文件、报告				▲			永久
3.12	设备出厂验收、交接文件				▲			永久
3.13	监造日志、月报、年报				▲			30年
3.14	设备监造工作总结、专题报告				▲			永久
3.15	监造工作音像材料				▲			永久
4	**建筑施工文件**							
4.1	开工报告、项目划分表、工程技术要求、技术（安全）交底、图纸会审纪要			▲				永久
4.2	项目部组建、印章启用、人员任命、调整文件、进场人员资质报审文件、施工设备仪器进场报审文件			▲				永久
4.3	施工组织设计、方案及报批文件、施工计划、施工技术及安全措施、施工工艺及报审文件（施工组织设计和开工批复一同归档）			▲				永久
4.4	原材料及构件出厂证明、质量鉴定、复验单			▲				30年
4.5	建筑材料试验报告			▲				永久
4.6	设计变更、工程更改洽商单、材料代用核定审批手续、技术核定单、业务联系单、备忘录、工程变更台账等			▲				永久
4.7	交桩记录、施工定位、测量放线记录及报审文件			▲				永久
4.8	施工勘察报告、岩土试验报告、地基验槽记录、工程地基处理记录			▲				永久

类别	归档文件	文件形成单位 / 责任者						保管期限
		建设单位	设计单位	施工单位	监理单位	运营单位	政府有关单位	
4.9	隐蔽工程验收记录、验收评定记录			▲				永久
4.10	各类工程记录及测试、沉降、位移、变形监测记录、事故处理报告（注意事故处理结论的归档）			▲				永久
4.11	质量检查、评定文件、事故处理报告、缺陷处理记录			▲				永久
4.12	竣工图及竣工图编制说明			▲				永久
4.13	施工日志、月报、年报、大事记			▲				30年
4.14	施工总结、完工报告、交工报告、验收证书、遗留问题清单			▲				永久
4.15	施工音像材料			▲				永久
5	**设备及管线安装施工文件**							
5.1	开工报告、项目划分表、工程技术要求、技术（安全）交底、图纸会审纪要			▲				永久
5.2	项目部组建、印章启用、人员任命、调整文件、进场人员资质报审文件、施工设备仪器进场报审文件			▲				永久
5.3	施工组织设计、方案及报批文件、施工计划、施工技术及安全措施、施工工艺及报审文件（施工组织设计和开工批复一同归档）			▲				永久
5.4	原材料及构件出厂证明、质量鉴定、复验单			▲				30年
5.5	设计变更、工程更改洽商单、材料代用核定审批手续、技术核定单、业务联系单、备忘录、工程变更台账等			▲				永久
5.6	焊接工艺评定报告、焊接试验记录、报告、施工检验记录、报告、探伤检测、测试记录、报告、管道单线图（管段图）			▲				永久
5.7	强度、密闭性等试验检测记录、报告、联动试车方案、记录、报告			▲				30年
5.8	管线标高、位置、坡度测量记录			▲				永久
5.9	隐蔽工程验收记录、验收评定记录			▲				永久

类别	归档文件	文件形成单位／责任者						保管期限
		建设单位	设计单位	施工单位	监理单位	运营单位	政府有关单位	
5.10	管线清洗、试压、通水、通气、消毒等记录			▲				30年
5.11	安装记录、安装质量检查、评定、事故处理报告、缺陷处理记录			▲				永久
5.12	竣工图及竣工图编制说明			▲				永久
5.13	施工日志、月报、年报、大事记			▲				30年
5.14	施工总结、完工报告、交工报告、验收证书、遗留问题清单			▲				永久
5.15	施工音像材料			▲				永久
6	**电气、仪表安装施工文件**							
6.1	开工报告、项目划分表、工程技术要求、技术（安全）交底、图纸会审纪要			▲				永久
6.2	项目部组建、印章启用、人员任命、调整文件、进场人员资质报审文件、施工设备仪器进场报审文件			▲				永久
6.3	施工组织设计、方案及报批文件、施工计划、施工技术及安全措施、施工工艺及报审文件（施工组织设计和开工批复一同归档）			▲				永久
6.4	原材料及构件出厂证明、质量鉴定、复验单			▲				永久
6.5	设计变更、工程更改洽商单、材料代用核定审批手续、技术核定单、业务联系单、备忘录、工程变更台账等			▲				永久
6.6	绝缘、接地电阻等性能测试、校核			▲				30年
6.7	材料、设备明细表及检验记录、施工安装记录、质量检查评定、电气试验记录			▲				永久
6.8	系统调试方案、记录、报告、电气装置交接记录			▲				30年
6.9	质量检查、评定文件、事故处理报告、缺陷处理记录			▲				永久
6.10	竣工图及竣工图编制说明			▲				永久
6.11	施工日志、月报、年报、大事记			▲				永久

类别	归档文件	文件形成单位 / 责任者						保管期限
		建设单位	设计单位	施工单位	监理单位	运营单位	政府有关单位	
6.12	施工总结、完工报告、交工报告、验收证书、遗留问题清单			▲				永久
6.13	施工音像材料			▲				永久
7	**设备文件**							
7.1	设备设计文件、出厂验收、商检、海关文件	▲						永久
7.2	设备、材料装箱单、开箱记录、工具单、备品备件单	▲						30 年
7.3	设备台账、备品备件目录、设备图纸，设备制造检验检测、出厂试验报告、产品质量合格证明、安装及使用说明、维护保养手册	▲						永久
7.4	设备制造探伤、检测、测试、鉴定的记录、报告	▲						永久
7.5	设备质保书、验收、移交文件	▲						永久
7.6	特种设备生产安装维修许可、监督检验证明、安全监察文件	▲						永久
8	**生产技术准备、试运行文件**							
8.1	技术准备计划、方案及审批文件	▲						永久
8.2	试生产、试运行管理、技术规程规范	▲						永久
8.3	试生产、试运行方案、操作规程、作业指导书、运行手册、应急预案	▲						永久
8.4	试车、验收、运行、维护记录	▲						永久
8.5	试生产产品质量鉴定报告	▲						永久
8.6	缺陷处理、事故分析记录、报告	▲						永久
8.7	试生产工作总结、试运行考核报告	▲						永久
8.8	技术培训材料	▲						永久
8.9	产品技术参数、性能、图纸	▲						永久
8.10	环保、水保、消防、职业安全卫生等运行检测监测记录、报告	▲						永久
B2	**竣工验收**							
1	项目各项管理工作总结	▲						永久

类别	归档文件	文件形成单位/责任者						保管期限
		建设单位	设计单位	施工单位	监理单位	运营单位	政府有关单位	
2	设计工作报告、监理工作报告、施工管理报告、采购工作报告、总承包管理报告、建设管理报告、运行管理报告		▲	▲	▲			永久
3	项目安全鉴定报告、质量检测评审鉴定文件、质量监督报告						▲	永久
4	同行评估报告、阶段验收文件	▲						永久
5	环境保护、水土保持、消防、职业安全卫生、档案、移民安置、规划、人防、防雷等专项验收申请及批复文件，决算审计报告	▲					▲	永久
6	排污许可证申报表、排污许可证					▲	▲	永久
7	竣工验收大纲、验收申请、验收报告	▲						永久
8	验收组织机构、验收会议文件、签字表，验收意见、备忘录、验收证书	▲					▲	永久
9	验收备案文件、运行申请、批复文件、运行许可证书	▲					▲	永久
10	项目评优报奖申报材料、批准文件及证书	▲					▲	永久
11	项目后评价文件	▲						永久
12	项目专题片、验收工作音像材料	▲						永久
项目运营文件（C类）								
C1	**生产运营**							
1	**运营单位企业资质文件**							
1.1	营业执照及企业资质相关文件						▲	永久
1.2	排污单位基本信息记录					▲		30年
2	**标识厂区平面图、生产工艺流程和生产过程等方框示意图**							
2.1	工程总平面示意图（含地下管线图）					▲		永久
2.2	生产工艺流程					▲		永久
2.3	生产废水、废气等污染治理设施设计方案及工艺流程图					▲		永久
2.4	物料平衡图、水平衡图					▲		永久
3	**一般工业固体废物排放量及综合利用**							
3.1	一般工业固体废物管理台账					▲		30年

续表

类别	归档文件	文件形成单位 / 责任者						保管期限
		建设单位	设计单位	施工单位	监理单位	运营单位	政府有关单位	
3.2	工业固体废物申报登记及转移管理、委托处理协议、接收方证明					▲		永久
4	**工业危险废物产生及利用处置情况**							
4.1	危险废物应急预案、安全处置委托协议、转移联单、固体危险废物转移许可证					▲		永久
4.2	工业危险废物管理计划、管理台账					▲		永久
4.3	危险废物接收方危险废物安全处置经营许可证书					▲		永久
4.4	危险废物自行处理设施环保部门批准文件						▲	永久
4.5	危险废物暂存点符合国家规定说明					▲		永久
4.6	放射性废物（废源）处置情况明细、处置委托协议、安全收储证明、按照标准规范建设的危险废物储存场所及设置相应警示标志和标签的音像材料					▲		永久
5	**污染排放情况**							
5.1	监测计划及落实情况、日常自行监测的监测报告（表）					▲		30年
5.2	自行监测公开情况					▲		永久
6	**总量控制情况**							
6.1	年度环境统计报表					▲		永久
6.2	环保部门下达的企业污染物排放总量控制指标、污染物总量核定文件						▲	永久
6.3	运营单位水、电、天然气、油（不含车用油）和煤炭使用明细					▲		30年
6.4	供水、供电、供气、供油部门开具的水费发票、煤炭购买发票						▲	永久
6.5	购煤合同书及煤质检测报告					▲		永久
7	**环保监察、监测**							
7.1	环保监察部门现场监察记录、监督性监测结果						▲	永久
7.2	监管部门取样监测、水质安全响应、异常处置管理等材料						▲	永久
7.3	环保行政部门下达污染治理期限的通知文件						▲	永久

续表

类别	归档文件	文件形成单位 / 责任者						保管期限
		建设单位	设计单位	施工单位	监理单位	运营单位	政府有关单位	
8	**管理机构、人员编制、培训和管理制度**							
8.1	环境保护机构设置文件、人员定岗、定员文件					▲		永久
8.2	环境管理、专业技术人员培训情况说明					▲		永久
8.3	各类污染防治管理制度、环保管理责任架构图					▲		永久
8.4	通过 ISO 4000 等环保体系认证的证书					▲		永久
9	**环境监测机构资质**							
9.1	环境监测机构通过实验室资质认定文件和证书、通过实验室能力认定的文件和证书					▲		永久
9.2	环境监测仪器强制检定证书					▲		永久
10	**环保设施运行**							
10.1	环保设施运行情况报告					▲		永久
10.2	污染治理设施运行明细、运行台账及维护记录					▲		30 年
10.3	生产设施运行管理信息记录、监测信息记录等各种台账记录及执行报告、污染物排放在线监测系统比对结果					▲		30 年
10.4	特种设备生产安装维修许可、安装合格证、使用登记证、监督检验证明、安全监察文件、特种设备管理台账					▲		永久
10.5	设备年度大中小修及日常维修维保文件、更新重置、升级、技改、结算、事故文件					▲		永久
11	**安全生产和应急管理**							
11.1	突发性环境污染事故应急预案及备案意见、应急预案演练及记录、应急培训、处置记录					▲		永久
11.2	环境风险评估报告、环境应急资源调查报告以及专家评审意见					▲		永久
11.3	安全组织机构文件台账、安全管理制度台账、安全生产计划台账、安全培训教育台账、安全工作会议台账、安全月报台账、安全投入台账、安全生产检查台账					▲		永久

类别	归档文件	文件形成单位 / 责任者						保管期限
		建设单位	设计单位	施工单位	监理单位	运营单位	政府有关单位	
11.4	防雷装置年检、高压电器年检、灭火器管理台账					▲		永久
11.5	安全合同、协议及安全技术交底					▲		永久
C2	**其他类**							
1	**清洁生产审核情况**							
1.1	市、区政府部门下达企业的清洁生产审核文件						▲	永久
1.2	执行清洁生产审核报告及验收文件、审核报告专家评审意见					▲		永久
1.3	市、区环保部门下达的强制性清洁生产审核文件						▲	永久
1.4	强制性清洁生产审核报告、执行强制性清洁生产审核报告专家评审意见					▲		永久
1.5	环保部门拟批准强制性清洁生产审核的公示						▲	永久
2	**信访投诉、环保行政处罚**							
2.1	环保部门下达的环境违法改正通知书、行政处罚听证告知书、行政处罚告知书、行政处罚决定书						▲	永久
2.2	环保部门下达的行政处罚、限期改正通知及整改台账					▲		永久
3	**环境信息公开**							
3.1	环境保护公示栏照片、环境保护监督栏照片、需在国家自行监测平台公开的监测信息台账记录、网站截屏等环保信息公开相关文件资料					▲		永久
4	**项目运营考核资料**					▲		永久
5	**生产运营计划类材料**					▲		永久
6	**运营工作相关财务报表**	▲				▲		

附录 B 长江大保护项目工程照片归档范围参照表

序号	归档范围	内容及要求	形成单位	保管期限	备注
1	**重要会议**				
1.1	公司股东会、董事会、监事会、总经理办公会及其他重要会议	应有反映会议场景不同角度、参会主要人员的内容	建设单位	永久	
2	**重要活动**				
2.1	上级单位及地方政府的重要来访、会见、接待、视察	应有反映接待及会见不同现场角度，主要来访人、陪同人及公司领导和接访人员的内容	建设单位	永久	
2.2	反映公司经营、管理等活动和相关重大事件、重大活动的照片	应有反映活动场景的不同角度、出席活动主要人物的内容	建设单位	永久	
3	**工程建设**				
3.1	开工前原貌、竣工新貌照片	应有主要地貌及周围环境	建设单位	永久	
3.2	项目开工仪式	应有项目开工时主要会场场景、领导讲话、奠基等	建设单位	永久	
3.3	施工组织设计、（超）危大工程专项施工方案评审会议	应有评审会议名称、主要参与人员的内容	施工单位	永久	
3.4	重大设计变更审查会议	应有反映重大设计变更审查会议名称，典型时刻，主要参与人员和现场踏勘的内容	设计单位	永久	
3.5	设备开箱验收	应有设备到场时开箱验收的内容	监理单位	永久	
3.6	质量监督检查	应有各阶段质量监督检查的内容	建设单位	永久	
3.7	支管网工程				
3.7.1	土方开挖	应有沟槽开挖前的原始地貌、沟槽支撑、沟槽回填的内容	施工单位	永久	
3.7.2	管道主体结构工程	应有管道基础、管道连接、管道敷设的内容	施工单位	永久	
3.7.3	附属构筑物工程	应有检查井安装的内容	施工单位	永久	
3.7.4	城镇道路工程	应有施工前原貌、路面修复后、绿化等内容	施工单位	永久	
3.7.5	隐蔽工程	应有隐蔽工程的内容	施工单位	永久	
3.8	污水处理厂工程			永久	

序号	归档范围	内容及要求	形成单位	保管期限	备注
3.8.1	地基及基础工程	应有基坑支护、边坡、地下防水等内容	施工单位	永久	
3.8.2	混凝土结构	应有钢筋加工、安装过程、安装后全景的内容，模板安装、拆模，混凝土浇筑过程、浇筑后收面抹平、浇筑后基础全景等	施工单位	永久	
3.8.4	建筑物装饰装修工程	应有建筑物屋面、装饰装修及建筑物全景	施工单位	永久	
3.8.5	建筑电气	应有电缆敷设，接地装置埋深、搭接长度及防腐等	施工单位	永久	
3.8.6	隐蔽工程	应有隐蔽工程的内容	施工单位	永久	
3.9	工程监理				
3.9.1	关键部位、隐蔽工程、重点工序、质量缺陷处理等监理旁站，见证取样、停工待检点	应有反映现场典型状况的内容	监理单位	永久	

附录 C　项目档案相关用表

附表 C1　XX 工程项目档案技术交底记录表

工程项目名称：	
建设单位： 总承包单位： 建立单位： 施工单位：	
交底地点：	交底时间：
交底单位	接收交底单位（盖章）：
交底人：	接受人：
交底记录：	

附表 C2　XX 工程项目档案培训记录表

培训名称：	
培训地点：	培训时间：
培训单位： 培训人：	
培训记录： 	

附表 C3　XX 工程项目档案培训人员名单

参会单位	
建设单位	
（人员姓名）	（人员签字）
总承办单位	
（人员姓名）	（人员签字）
监理单位	
（人员姓名）	（人员签字）
XX 单位	
……	

附表 C4 项目档案检查记录表

工程名称：

类别	文件类别	有√无 ×
A1	**项目识别**	
1	项目初步实施方案及审批文件	
2	项目规划报告书、选址意见书、报批文件及审批文件	
3	项目建议书委托书及合同协议、项目建议书的报批文件及审批文件、项目筹备文件	
4	可行性研究报告、报批文件及审批文件	
5	项目审批、核准、备案申请报告及批复	
6	项目评估论证、咨询意见，包括实施方案借贷承诺评估、财政承受能力论证、物有所值分析报告等	
7	项目变更调整文件、补充文件	
8	项目纳入国家及地方项目库清单及审批文件	
9	项目对接往来函件、合作建议书、意向书、备忘录、框架协议等	
A2	**项目准备**	
1	参与项目的内部评估、研究、决策文件、调查资料、专家评审、法律意见书等	
2	初步设计报告书、报批文件及审批文件	
3	项目规划选址、环境影响、合理用能、地震安全、地质灾害、水土保持、洪水影响、排污口设置、消防、职业安全卫生、社会风险评估、消防、文物、林地、水资源、白蚁预防等专项报告、登记单及批复（备案）文件	
4	水、暖、电、气、通信、排水等审批、配套协议	
5	工程选址、地质、水文、岩土勘察报告，地质图，地形图，化验、试验报告，重要土、岩样及说明	
6	地形、地貌、控制点、建筑物、构筑物及重要设备安装测量定位、观测监测记录	
7	地下管网测绘文件、地形测量、拨地测量成果报告等	
8	水文、地质、气象、地震等其他设计基础资料	
9	勘察单位工程质量检查报告、质量登记书	
10	建设工程勘察审查报告（合格书）	
11	总体规划设计文件、初步设计和技术设计图纸及说明、初步设计批复文件及审查意见	
12	设计文件，包括设计任务时间表、设计计算书、防雷装置核准书、工程质量检测报告（监督书、注册表）、设计委托书等	
13	建设工程设计方案及审查意见、建设工程规划放线测量技术报告	
14	施工图设计文件审查意见、设计图审查合格证、图纸会审记录、图纸会审意见等	

类别	文件类别	有√无 ×
15	施工图、施工技术要求、设计通知、设计月报、供图计划	
16	勘察、设计中形成的其他文件	
17	建设用地评估报告、用地申请报告及审批文件、红线图、行政区域图、坐标图	
18	建设征地规划设计报告及审查意见	
19	建设用地使用权出让挂牌文件、建设规划用地许可证及附件	
20	国有土地使用权出让合同及其文件、国有土地使用证	
21	征地补偿工作有关政策、办法	
22	拆迁方案、拆迁评估文件	
23	拆迁补偿资金计划、管理、审计文件	
24	移民安置合同协议、安置实施文件	
25	移民监理、移民安置验收文件等	
26	建设前原始地貌、征地拆迁、移民安置音像材料	
A3	**项目招采**	
1	联合体规划方案、审批等文件材料	
2	联合体组建方案、审批等文件材料	
3	政府方发布的项目招标招标公告、招标修改文件、招标补遗及答疑文件、资格预审文件	
4	政府方发布的项目评标报告、定标文件	
5	中标政府方项目的合同谈判纪要、合同审查文件、合同会签、批复文件、合同文本、股东投资协议、特许经营权协议、合同变更文件	
6	中标通知书	
7	投标书、资质材料、履约类保函（保证金证明）、委托授权书和投标澄清文件、修正文件	
8	比选文件审查、审批、联合体评审大纲（比选邀请函、征询回函等）等相关文件材料	
9	联合体协议	
10	监理相关的招标采购文件	
B1	**项目建设**	
1	**项目管理文件**	
1.1	投资协议、股东协议、融资协议、保险合同、验资业务合同、融资相关文件	
1.2	信贷或股份出资的往来文件、股权转让文件等	
1.3	政府支付的补助、奖励性资料及相关文件	
1.4	年度绩效考核报告、中期评估报告、验资报告、资金监管文件	

续表

类别	文件类别	有√无 ×
1.5	项目建设管理组织机构成立、调整文件	
1.6	建设单位、参建单位项目负责人工程质量终身责任承诺书、法定代表人授权书	
1.7	项目管理人员任免文件	
1.8	项目各项管理制度、规程、规范、标准及质保体系文件	
1.9	投资、进度、质量、安全、环保等计划、实施、调整、总结文件、重大设计变更申请、审核及批复文件	
1.10	贷款融资、工程概算、预算、差价管理文件	
1.11	竣工结算、竣工决算文件、审计文件	
1.12	合同中间结算审核及批准文件	
1.13	财务计划及执行、年度计划及执行、年度投资统计、商业发票	
1.14	交付使用的固定资产、流动资产、无形资产、递延资产清册	
1.15	项目施工、档案管理通知、通报等日常管理性文件、一般性来往函件	
1.16	质量、安全、环保、文明施工等专项检查考核文件	
1.17	工程质量监督书、工程质量监督注册表、施工安全生产监督申报书	
1.18	项目管理重要会议文件	
2	**施工监理文件**	
2.1	监理项目部组建、印章启用、监理人员资质，总监任命及变更文件	
2.2	监理大纲、监理规划、监理实施细则	
2.3	施工单位资质报审，施工管理人员、特种作业人员报审，施工设备仪器报审	
2.4	施工组织设计、施工方案、专项措施报审，施工计划进度、延长工期报审，开工、复工报申，开工令、暂停令、复工令	
2.5	原材料、构配件、设备报验	
2.6	单元工程检查及开工签证、分部分项工程质量验收，混凝土开盘鉴定（开仓签证）、混凝土浇灌申请批复	
2.7	监理检查、复检、实验记录、报告	
2.8	旁站记录、见证取样、平行检验、抽检文件，质量缺陷、事故处理、安全事故报告	
2.9	测量控制成果报验及复核文件，质量、施工文件等检查报验，质量检查评估报告、阶段验收、竣工验收监理文件	
2.10	工程计划、实施、分析统计、完成报表	
2.11	工程计量、支付审批、工程变更审查、索赔文件	
2.12	监理通知单、回复单、工作联系单，来往函件	
2.13	监理例会、专题会等会议纪要、备忘录	
2.14	监理日志、月报、年报	

类别	文件类别	有√无 ×
2.15	监理工作总结、质量评估报告、专题报告	
2.16	监理工作音像材料	
3	**设备监造文件**	
3.1	监造项目部组建、印章启用、监造人员资质，总监任命及变更文件	
3.2	监造大纲、监造规划、监造实施细则	
3.3	设备制造单位质量管理体系报审，设备制造的计划、延长工期报审，开工、复工报审，工艺方案、控制节点、检验计划报审	
3.4	原材料、外购件等质量证明文件报审，分包单位资格报审文件，试验、检验记录及报告	
3.5	开工令、暂停令、复工令	
3.6	监造通知单、回复单、工作联系单，来往函件	
3.7	变更报审	
3.8	关键工序、零部件旁站记录、见证取样、平行检验、独立抽检文件	
3.9	质量缺陷、事故处理、安全事故报告	
3.10	设备制造支付、造价调整、结算审核、索赔文件	
3.11	监造例会、专题会会议纪要、备忘录，来往文件、报告	
3.12	设备出厂验收、交接文件	
3.13	监造日志、月报、年报	
3.14	设备监造工作总结、专题报告	
3.15	监造工作音像材料	
4	**建筑施工文件**	
4.1	开工报告、项目划分表、工程技术要求、技术（安全）交底、图纸会审纪要	
4.2	项目部组建、印章启用、人员任命、调整文件、进场人员资质报审文件、施工设备仪器进场报审文件	
4.3	施工组织设计、方案及报批文件、施工计划、施工技术及安全措施、施工工艺及报审文件（施工组织设计和开工批复一同归档）	
4.4	原材料及构件出厂证明、质量鉴定、复验单	
4.5	建筑材料试验报告	
4.6	设计变更、工程更改洽商单、材料代用核定审批手续、技术核定单、业务联系单、备忘录、工程变更台账等	
4.7	交桩记录、施工定位、测量放线记录及报审文件	
4.8	施工勘察报告、岩土试验报告、地基验槽记录、工程地基处理记录	
4.9	隐蔽工程验收记录、验收评定记录	

类别	文件类别	有√无 ×
4.10	各类工程记录及测试、沉降、位移、变形监测记录、事故处理报告（注意事故处理结论的归档）	
4.11	质量检查、评定文件、事故处理报告、缺陷处理记录	
4.12	竣工图及竣工图编制说明	
4.13	施工日志、月报、年报、大事记	
4.14	施工总结、完工报告、交工报告、验收证书、遗留问题清单	
4.15	施工音像材料	
5	**设备及管线安装施工文件**	
5.1	开工报告、项目划分表、工程技术要求、技术（安全）交底、图纸会审纪要	
5.2	项目部组建、印章启用、人员任命、调整文件、进场人员资质报审文件、施工设备仪器进场报审文件	
5.3	施工组织设计、方案及报批文件、施工计划、施工技术及安全措施、施工工艺及报审文件（施工组织设计和开工批复一同归档）	
5.4	原材料及构件出厂证明、质量鉴定、复验单	
5.5	设计变更、工程更改洽商单、材料代用核定审批手续、技术核定单、业务联系单、备忘录、工程变更台账等	
5.6	焊接工艺评定报告、焊接试验记录、报告、施工检验记录、报告、探伤检测、测试记录、报告、管道单线图（管段图）	
5.7	强度、密闭性等试验检测记录、报告、联动试车方案、记录、报告	
5.8	管线标高、位置、坡度测量记录	
5.9	隐蔽工程验收记录、验收评定记录	
5.10	管线清洗、试压、通水、通气、消毒等记录	
5.11	安装记录、安装质量检查、评定、事故处理报告、缺陷处理记录	
5.12	竣工图及竣工图编制说明	
5.13	施工日志、月报、年报、大事记	
5.14	施工总结、完工报告、交工报告、验收证书、遗留问题清单	
5.15	施工音像材料	
6	**电气、仪表安装施工文件**	
6.1	开工报告、项目划分表、工程技术要求、技术（安全）交底、图纸会审纪要	
6.2	项目部组建、印章启用、人员任命、调整文件、进场人员资质报审文件、施工设备仪器进场报审文件	
6.3	施工组织设计、方案及报批文件、施工计划、施工技术及安全措施、施工工艺及报审文件（施工组织设计和开工批复一同归档）	
6.4	原材料及构件出厂证明、质量鉴定、复验单	

续表

类别	文件类别	有√无 ×
6.5	设计变更、工程更改洽商单、材料代用核定审批手续、技术核定单、业务联系单、备忘录、工程变更台账等	
6.6	绝缘、接地电阻等性能测试、校核	
6.7	材料、设备明细表及检验记录、施工安装记录、质量检查评定、电气试验记录	
6.8	系统调试方案、记录、报告、电气装置交接记录	
6.9	质量检查、评定文件、事故处理报告、缺陷处理记录	
6.10	竣工图及竣工图编制说明	
6.11	施工日志、月报、年报、大事记	
6.12	施工总结、完工报告、交工报告、验收证书、遗留问题清单	
6.13	施工音像材料	
7	**设备文件**	
7.1	设备设计文件、出厂验收、商检、海关文件	
7.2	设备、材料装箱单、开箱记录、工具单、备品备件单	
7.3	设备台账、备品备件目录、设备图纸，设备制造检验检测、出厂试验报告、产品质量合格证明、安装及使用说明、维护保养手册	
7.4	设备制造探伤、检测、测试、鉴定的记录、报告	
7.5	设备质保书、验收、移交文件	
7.6	特种设备生产安装维修许可、监督检验证明、安全监察文件	
8	**生产技术准备、试运行文件**	
8.1	技术准备计划、方案及审批文件	
8.2	试生产、试运行管理、技术规程规范	
8.3	试生产、试运行方案、操作规程、作业指导书、运行手册、应急预案	
8.4	试车、验收、运行、维护记录	
8.5	试生产产品质量鉴定报告	
8.6	缺陷处理、事故分析记录、报告	
8.7	试生产工作总结、试运行考核报告	
8.8	技术培训材料	
8.9	产品技术参数、性能、图纸	
8.10	环保、水保、消防、职业安全卫生等运行检测监测记录、报告	
B2	**竣工验收**	
1	项目各项管理工作总结	

145

类别	文件类别	有√无 ×
2	设计工作报告、监理工作报告、施工管理报告、采购工作报告、总承包管理报告、建设管理报告、运行管理报告	
3	项目安全鉴定报告、质量检测评审鉴定文件、质量监督报告	
4	同行评估报告、阶段验收文件	
5	环境保护、水土保持、消防、职业安全卫生、档案、移民安置、规划、人防、防雷等专项验收申请及批复文件,决算审计报告	
6	排污许可证申报表、排污许可证	
7	竣工验收大纲、验收申请、验收报告	
8	验收组织机构、验收会议文件、签字表,验收意见、备忘录、验收证书	
9	验收备案文件、运行申请、批复文件、运行许可证书	
10	项目评优报奖申报材料、批准文件及证书	
11	项目后评价文件	
12	项目专题片、验收工作音像材料	
C1	**生产运营**	
1	**运营单位企业资质文件**	
1.1	营业执照及企业资质相关文件	
1.2	排污单位基本信息记录	
2	**标识厂区平面图、生产工艺流程和生产过程等方框示意图**	
2.1	工程总平面示意图(含地下管线图)	
2.2	生产工艺流程	
2.3	生产废水、废气等污染治理设施设计方案及工艺流程图	
2.4	物料平衡图、水平衡图	
3	**一般工业固体废物排放量及综合利用**	
3.1	一般工业固体废物管理台账	
3.2	工业固体废物申报登记及转移管理、委托处理协议、接收方证明	
4	**工业危险废物产生及利用处置情况**	
4.1	危险废物应急预案、安全处置委托协议、转移联单、固体危险废物转移许可证	
4.2	工业危险废物管理计划、管理台账	
4.3	危险废物接收方危险废物安全处置经营许可证书	
4.4	危险废物自行处理设施环保部门批准文件	

类别	文件类别	有√无 ×
4.5	危险废物暂存点符合国家规定说明	
4.6	放射性废物（废源）处置情况明细、处置委托协议、安全收储证明、按照标准规范建设的危险废物储存场所及设置相应警示标志和标签的音像材料	
5	**污染排放情况**	
5.1	监测计划及落实情况、日常自行监测的监测报告（表）	
5.2	自行监测公开情况	
6	**总量控制情况**	
6.1	年度环境统计报表	
6.2	环保部门下达的企业污染物排放总量控制指标、污染物总量核定文件	
6.3	运营单位水、电、天然气、油（不含车用油）和煤炭使用明细	
6.4	供水、供电、供气、供油部门开具的水费发票、煤炭购买发票	
6.5	购煤合同书及煤质检测报告	
7	**环保监察、监测**	
7.1	环保监察部门现场监察记录、监督性监测结果	
7.2	监管部门取样监测、水质安全响应、异常处置管理等材料	
7.3	环保行政部门下达污染治理期限的通知文件	
8	**管理机构、人员编制、培训和管理制度**	
8.1	环境保护机构设置文件、人员定岗、定员文件	
8.2	环境管理、专业技术人员培训情况说明	
8.3	各类污染防治管理制度、环保管理责任架构图	
8.4	通过 ISO 4000 等环保体系认证的证书	
9	**环境监测机构资质**	
9.1	环境监测机构通过实验室资质认定文件和证书、通过实验室能力认定的文件和证书	
9.2	环境监测仪器强制检定证书	
10	**环保设施运行**	
10.1	环保设施运行情况报告	
10.2	污染治理设施运行明细、运行台账及维护记录	
10.3	生产设施运行管理信息记录、监测信息记录等各种台账记录及执行报告、污染物排放在线监测系统比对结果	

类别	文件类别	有√无 ×
10.4	特种设备生产安装维修许可、安装合格证、使用登记证、监督检验证明、安全监察文件、特种设备管理台账	
10.5	设备年度大中小修及日常维修维保文件、更新重置、升级、技改、结算、事故文件	
11	**安全生产和应急管理**	
11.1	突发性环境污染事故应急预案及备案意见、应急预案演练及记录、应急培训、处置记录	
11.2	环境风险评估报告、环境应急资源调查报告以及专家评审意见	
11.3	安全组织机构文件台账、安全管理制度台账、安全生产计划台账、安全培训教育台账、安全工作会议台账、安全月报台账、安全投入台账、安全生产检查台账	
11.4	防雷装置年检、高压电器年检、灭火器管理台账	
11.5	安全合同、协议及安全技术交底	
C2	**其他类**	
1	**清洁生产审核情况**	
1.1	市、区政府部门下达企业的清洁生产审核文件	
1.2	执行清洁生产审核报告及验收文件、审核报告专家评审意见	
1.3	市、区环保部门下达的强制性清洁生产审核文件	
1.4	强制性清洁生产审核报告、执行强制性清洁生产审核报告专家评审意见	
1.5	环保部门拟批准强制性清洁生产审核的公示	
2	**信访投诉、环保行政处罚**	
2.1	环保部门下达的环境违法改正通知书、行政处罚听证告知书、行政处罚告知书、行政处罚决定书	
2.2	环保部门下达的行政处罚、限期改正通知及整改台账	
3	**环境信息公开**	
3.1	环境保护公示栏照片、环境保护监督栏照片、需在国家自行监测平台公开的监测信息台账记录、网站截屏等环保信息公开相关文件资料	
4	**项目运营考核资料**	
5	**生产运营计划类材料**	
6	**运营工作相关财务报表**	

检查单位：　　　　检查人：　　　　检查日期：　　　年　月　日

附表 C5　项目档案整改记录单

工程项目名称：
项目档案整改要求：
项目档案整改情况： 整改人： 整改单位（盖章）：
工程总承包单位检查意见： 工程总承包单位（盖章）：
监理单位检查意见： 监理单位（盖章）：
建设单位检查意见： 建设单位（盖章）：

附表 C6　XXX 项目竣工图编制说明

一、工程概况

×××工程项目概况（主要范围、开工日期及竣工日期等）

二、编制的原则和依据

（一）《建设项目档案管理规范》（DA/T 28—2018）

（二）其他技术规范

（三）设计变更、工作联系单、技术核定单、洽商单、材料变更、会议纪要、备忘录、施工及质检记录等涉及变更的文件。

三、工程变更情况说明

工程变更情况见下表

工程变更文件一览表

序号	文件编号	变更文件名称	主要变更内容

四、竣工图编制基本情况

（一）竣工图编制方法、编制单位、编制人员，竣工图主要内容、总张数及修改的张数、套数、编制时间。

（二）竣工图修改对照见下表。

竣工图修改对照表

序号	竣工图号	图名	修改依据		备注
			变更文件及文号	变更内容	

编制人：　　　　　　　　　　　　　校核人：

审核人：

单位（盖章）：

注：编制人、校核人为施工单位，审核人为监理单位。

附表 C7　基本建设项目档案验收申请表

项目名称			
核准单位		立项日期	
投资规模		建设时间	
计划档案验收日期		计划竣工验收日期	
联系人		联系电话	
地址		电子邮箱	
建设单位（盖章）		设计单位（盖章）	
施工单位（盖章）		监理单位（盖章）	
申请单位自查意见		（单位盖章） 年　月　日	
验收组织单位意见		（单位盖章） 年　月　日	

附表 C8　工程项目档案验收专家意见表

基本建设项目名称：
查验内容：
综合评价：
存在问题： 逐条罗列 1.制度依据、整改要求 （可另附纸）
建议： （可另附纸）
   验收组成员签字：　　　　　　　　　　　　　　　日期：

附表 C9　工程项目档案验收意见表

基本建设项目名称：
查验内容：
综合评价：
验收意见：   （可另附纸）
          验收组成员签字：　　　　　　　　　　　　　　　　　日期：

附录 D 中国长江三峡集团项目档案管理制度、规范与要求

序号	名称	备注
一	制度／规范	
1	中国长江三峡集团有限公司档案管理办法	
2	中国长江三峡集团有限公司建设项目档案管理办法	
3	中国长江三峡集团有限公司建设境外档案管理办法（试行）	
4	中国长江三峡集团有限公司档案检查评价工作办法（试行）	
5	中国长江三峡集团有限公司会计档案管理细则	
6	中国长江三峡集团有限公司档案分类规范	
7	中国长江三峡集团有限公司档案编号规范	
8	中国长江三峡集团有限公司档案著录规范	
9	中国长江三峡集团有限公司招标及采购档案管理规范	
10	中国长江三峡集团有限公司实物档案管理规范	
11	中国长江三峡集团有限公司声像档案管理规范	
12	中国长江三峡集团有限公司科研档案管理规范	
二	工作要求、通知	
1	关于加强集团公司工程项目档案管理工作的通知	档〔2022〕19 号
2	关于进一步加强新能源项目档案工作的通知	档〔2022〕26 号

附录 E　案卷编目式样

附表 E1　案卷封面式样

:

案卷题名

立卷单位

起止日期

保管期限

密　级

注：单位统一为 mm

比例 1：2

附表 E2　案卷脊背式样

保管期限
档号
案卷题名

注：D=10、20、30、40、50、60

　　单位统一为 mm

　　比例 1：2

附表 E3　卷内目录式样

	档号		卷内目录				
序号	文件编号	责任者	文 件 题 目	日期	页数	备注	

注：单位统一为 mm

比例 1：2

附表 E4　卷内备考表式样

卷内备考表

档号：

互见号：

说明：

立卷人：

　　　　年　月　日

检查人：

　　　　年　月　日

注：单位统一为 mm

比例 1：2

附表 E5　案卷目录式样

序号	档号	案卷题名	总页数	保管期限	备注

注：单位统一为 mm

比例 1∶2

后　记

　　以共抓大保护为导向深入推动长江经济带发展，是习近平总书记亲自谋划、亲自部署、亲自推动的伟大事业，是习近平生态文明思想实践的重要组成部分。做好长江大保护项目档案管理工作是服务长江经济带建设、适应国家发展战略的体现，是践行习近平总书记对档案工作"四个好、两个服务"重要指示精神的必然要求，是推动长江大保护项目高质量可持续发展的必然选择。

　　面向档案工作信息化转型发展趋势，长江大保护项目档案管理工作也在信息化、智慧化的道路中探索前行。《长江大保护项目档案管理实践指南》在编制过程中，紧密结合国家行业最新要求，结合工程档案管理实践经验，融入知识化场景应用方法，为长江大保护建设项目档案管理提供指导。

　　感谢参与本书编纂的相关专家的辛勤付出，限于认知水平，疏漏和错误在所难免，恳请各位从事档案管理工作的广大读者批评指正。

《长江大保护项目档案管理实践指南》编写组